NEOCOGITO

阅读即行动

Monsieur Proust

普鲁斯特先生

——女管家塞莱丝特的回忆

塞莱丝特·阿尔巴雷（Céleste Albaret） 著
乔治·贝尔蒙（Georges Belmont） 编写
史丹芬尼·马奈尔（Stéphane Manel） 绘
柯林娜·梅耶（Corinne Maier） 整理
赵欣昕 译

北京联合出版公司
Beijing United Publishing Co.,Ltd.

致奥托·卢克斯·梅耶（Otto Lux Mayer）

柯林娜·梅耶

致露（Lou）、特莎（Tessa）和拉兹洛（Laszlo）

史丹芬尼·马奈尔

第一章

•

我看见一位绅士走进来

塞莱丝特与奥迪隆

我名叫塞莱丝特（Céleste），原姓吉奈斯特(Gineste)。1913 年 3 月 27 日，我和奥迪隆·阿尔巴雷（Odilon Albaret）结了婚。奥迪隆是个很善良的小伙子，他长着一张端正的圆脸，留着当时流行的漂亮小胡子。我们彼此十分熟悉，因为他常会在我的表兄弟家中度过假期。他比我年长10 岁，我们会写信，但并不常常见面。那时我的脑中还没有想要结婚的念头，我很爱我的父母和兄弟姐妹们。况且我的家人们对待奥迪隆的态度也有些不置可否，主要是因为他在巴黎工作，而在那个年代，家族成员们通常是不会分开的。不过，我在故乡欧西拉克（Auxillac）的村子里也看不到自己能有什么前途。无论如何，奥迪隆还是来求婚了，并且被接受了。

去巴黎是我第一次离开洛泽尔（Lozère）省的欧西拉克区。我一整晚都没睡着，只记得自己怒气冲冲的，因为我的丈夫睡了一路，完全没人管我。

到巴黎后，我看着城市里弥漫的烟雾和奔跑着追赶出租车的人们，感觉自己彻底迷失了。直到奥迪隆终于叫到了一辆车。那年我22岁，对任何事情都一无所知。就像个孩子。

我心想，巴黎可真难闻呀！

我们到了住处，是位于勒瓦卢瓦（Levallois）的一栋新楼里面的一间小公寓。奥迪隆向我解释他为什么费了好大功夫才找到这房子，他需要家附近有个晚上营业的咖啡厅，越晚关门越好，因为他的重要主顾会在深夜十点、十一点，甚至午夜给他打电话或发消息让他开车去接。奥迪隆常干出租车司机的活儿，因为他想多挣些钱，然后盘下个店铺或者咖啡厅。

我们住的小公寓崭新而整洁，也被收拾得井井有条。但不知道为什么，必然是混合着旅途的疲惫、复杂的情绪和离家的陌生感，一踏进房门，我就莫名其妙地哭了起来。紧接着，我就开始想念我的家人和故乡的村庄，那个我认识所有人的地方。

接下来的几周里，我不想出门，也睡不好觉。奥迪隆不知道该怎么让我开心起来，我很难适应这新的生活。我什么都不会做，甚至不知道怎么给炉子点火：在我家那边，人们都是烧柴做饭。后来是我的嫂子教会我如何给丈夫做顿像样的饭菜。她还告诉我如何买东西，这非常重要。我们总会一起去市场。

塞莱丝特，我们去跟我的重要主顾说一声我回来了。
AU TELEPHONE
烟草店

奥迪隆邀我一起去拜访他的重要主顾。他说那位先生还很亲切地送来了婚礼祝福。收到电报时，奥迪隆正准备和全家人一起出发前往教堂，阅读贺电时他感动极了。奥迪隆说这是位很好的顾客，在因为婚礼要离开巴黎之前，奥迪隆提前报备了自己会有半个月左右的时间不在巴黎，因此在这段时间里无法回复他并像往常那样开车接送他。这是我第一次听他提起这位先生。

“啊，这！我知道这是一位非同寻常的客人，一个与众不同的男人，但不敢相信他会想着发电报给我。”奥迪隆对我说道。

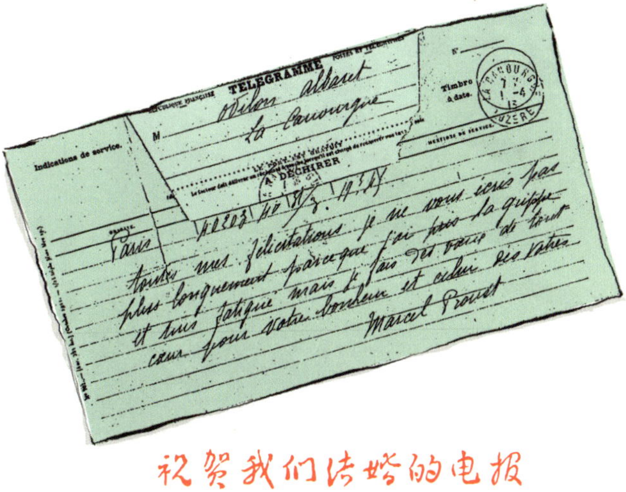

祝贺我们结婚的电报

我们来到奥斯曼大道102号

我们从用人楼梯上楼，直接进了厨房。房间里闪闪发光，我记得看到巨大的炉灶和燃烧的火焰。普鲁斯特先生的男用人尼古拉（Nicolas）在厨房里，他刚刚煮好了咖啡，还有赛琳娜（Céline）——男仆的妻子，也是普鲁斯特先生的女佣。他们两个都很让人喜欢，特别是尼古拉，他似乎很高兴看到我的丈夫回来了。那时我还不知道，这个房间会成为我之后度过很多年的地方。

普鲁斯特先生走进了厨房。那个瞬间永远印在我的脑海中。他身着长裤，白衬衫外面套着件西服上衣。这一幕立即给我留下了深刻的印象。我看着这位风度翩翩的绅士走进来。他看起来非常年轻，身形修长而不瘦削，皮肤很好，牙齿雪白。他的额前翘起一小绺头发，每次见他都是如此，是天然形成的发型。还有他身上流露出的那种极致的优雅与奇特的内敛，后来我在很多哮喘病人身上都注意到相似的气质，像是为了节省些力气和气息。因为为人和蔼，很多人以为普鲁斯特先生是个小个子，但他其实和我一样高，而我并不算矮小，身高大概有一米七二。

当时那个胆怯又惶恐的我完全不敢看他。

他在我周围转来转去，我能感觉到他在观察我。

女士，
这位是穿着便服、没有留胡子的
马塞尔·普鲁斯特

我怎能料到自己的婚姻会将我送到普鲁斯特先生身边呢？第一次见到他已经是距今60年前的事了，一切却仿佛昨日般历历在目。他会时不时地卧在床上跟我说：“我死了之后，您会时常想起小马塞尔的，因为您再也不会遇到像他那样的人了。”

现在我知道他说得没错，他说的总是都对。我再也没有离开他，无法停止想念他，也不曾拿任何人与他比较。

在一些失眠的夜里，我好像听到他在和我说话。

每当我的生活中遇到什么麻烦事，我就会问自己：

“如果他在这里，会给我什么建议呢？”

然后我就会听见他的声音：

“亲爱的塞莱丝特……”

我知道他会说什么。

普鲁斯特先生能感知到很多事情。我总对他说：“先生，您不仅是个巫师，还是个魔术师。”

而他会转向我，用深邃的、质询的目光望着我，以确认我是否是认真的。

“您真这么觉得吗，塞莱丝特？”

我想，在内心深处，他应该是很高兴听我这么说的。

第二章

•

烟雾缭绕之中

尼古拉在准备书的包装，如果是给男士的就用蓝色的，给女士的就用粉色的。

大概是十月底的时候，有一天晚上，普鲁斯特先生询问奥迪隆他年轻的妻子能否适应这里的生活。

奥迪隆回答他说：

“不太适应啊。我也不知道这样下去会怎么样，她不愿意出门，而我要工作，您知道的，我不一定能在家里吃饭，也说不好几点才能回家，而她在家就几乎不吃也不睡。”

“您年轻的妻子太想念自己的母亲了，阿尔巴雷，一定是这样的。”

普鲁斯特先生想到了一个可以让我出门的办法。他和奥迪隆说，希望我把他刚出版的《斯万家那边》的签名版样书捎给他的朋友们，他觉得这也许可以帮助我转移注意力。奥迪隆也努力怂恿我接受这个委托。

最终我答应了：

“好吧，我去。”

奥迪隆跟我说：

“你去了就知道了，普鲁斯特先生是个非常和善的人。一定注意不要惹他不高兴，因为他总是在观察着一切。你不会遇到像他那么有魅力的人了。”

于是我来取那些书。尼古拉负责包好它们，每本书都被包装得一丝不苟，因为他做事十分仔细。

有很多本书要送，我只记得其中几个人的名字。

罗伯特·德·弗莱尔

贝特朗·德·芬乃伦

勒内·布卢姆

雅克-埃米尔·布兰奇

安德烈·纪德

雷纳尔多·哈恩

萨沙·吉特里

斯特劳斯夫人

显然，当时的我完全不知道这些人。

于是我来取那些要送给别人的书。从勒瓦卢瓦格公交车过来，并不让人感到疲惫。

要送的书终于都送完了，但普鲁斯特先生让我继续来帮忙。于是我成了他家中的“信使”，他在自己的书中这么称呼我。工作流程和之前送书时没什么区别：我去他家里，东西已经准备好了，我去送，然后再返回，尼古拉付我钱，我回家或者出去逛逛。普鲁斯特先生的书已经在书店上架，人们会谈论这本书，但我似乎完全在状况外。

除了赛琳娜和尼古拉，我不和其他任何人来往。普鲁斯特先生的生活方式非常特殊。他的公寓是一个寂静的、封闭起来的世界。我没有权限进入公寓，只能一直待在厨房里。我知道普鲁斯特先生就在公寓里面，却见不到他。感觉像是他在房间深处调遣着我。

从此以后，我每天都要去普鲁斯特先生那边……

瞧瞧有多少关于阿戈斯蒂内利的
无稽之谈呀！

有一天我遇到了阿尔弗雷德·阿戈斯蒂内利（Alfred Agostinelli）。我只知道他是普鲁斯特先生的司机之一，摩纳哥人，之前去了蔚蓝海岸一阵子，然后又和女伴一起回来了，但这次他成了普鲁斯特先生的秘书，负责用打字机打出他的手稿。

后来我才了解到，阿戈斯蒂内利很擅长讨好人，他说服普鲁斯特先生资助他买了一架他将命名为“斯万”的飞机。阿戈斯蒂内利在这架飞机中丧命的事让普鲁斯特先生非常悲伤，而这也牵扯出许多流言蜚语……我之所以决定讲述自己在普鲁斯特先生身边的生活，就是因为那些对他了解不如我多的人写了太多完全不着边际的东西。

人们臆想出各种故事桥段，关于普鲁斯特先生面对这死亡如何地痛苦和他对阿戈斯蒂内利的感情或曾有过的情愫。有些学识渊博的人——我也不知道他们是不是真的有学问，还发现阿戈斯蒂内利是普鲁斯特先生书中人物阿尔贝蒂娜（Albertine）的原型——至少是原型之一，也就是小说“讲述者”心爱的人。在我看来，这实在荒谬。

一架命名为“斯万”的飞机……

女用人赛琳娜不喜欢我，她怀疑我想抢她的工作。我后来才知道，她说我是个“小心机鬼”，因为她认为我想把她挤走。为了避免和她发生争执，我什么都没说。她想多了，我知道这差事是临时的。况且我从没把这样的生活当作职业。

后来，赛琳娜需要进医院治疗。在她住院期间，是赫赫有名的外科医生罗伯特·普鲁斯特受哥哥普鲁斯特先生的委托，负责照顾她并亲自给她做手术。紧接着，普鲁斯特先生就顺理成章地跟尼古拉说：

“我们得想办法让您每天都能去探望妻子。为什么不问问阿尔巴雷夫人，看她介不介意每天都过来，在您去医院的时候帮忙打理一下其他事情？”

我回复尼古拉说我很高兴去帮忙。

“塞莱丝特，”尼古拉对我嘱咐道，“一定要按照普鲁斯特先生希望的样子做好每件事。请您每天两点到这里，根据需要在厨房候命，直到我从医院回来，大约在四五点钟吧。您到这里的时候，普鲁斯特先生应该已经喝了加奶的咖啡，吃了羊角面包。所以不用您来送这些。我会负责好他的早餐，但如果普鲁斯特先生要再喝一次咖啡，就需要您把我们备好的第二个羊角面包送过去。

任务布置得非常详细。

“如果马塞尔先生需要您送过去，您就会听到铃声。送到后您就把托盘放下，然后离开。这时千万不要和他讲话。这点要特别强调一下。当然了，除非他向您询问什么。”

就这样，我每天都来厨房候命。最有趣的是，这样傻傻等候的日子在我的记忆中从没让我感到乏味。没有一次铃声响起。也没有任何人来访。什么都没有，一个人都见不到。而普鲁斯特先生，我知道他就在那里，但我看不见他，甚至听不见他的任何动静。这样的情况持续了好几天。

然后突然有一天……叮！

于是我便出发了。我遵循指示，穿过门厅和宽敞的客厅，那一次我并没有太注意周围的事物。我走到第四扇门前，没敲门就直接打开门，然后按照尼古拉告诉我的那样，掀开厚重的门帘，走了进去。

房间里有一层几乎需要用刀才能劈开的烟雾，实在是不可思议。尼古拉提前跟我说过，普鲁斯特先生起床后有时会燃烧一种特殊的粉末来缓解他的哮喘，但我没想到会是这样的场景。房间很大，但盛满了浓雾。

房间里唯一的光源是一盏床头灯，它微弱的光线被灯罩映成了绿色。里面的一切看起来都很高大，让整个空间看起来更宽敞了：大扇的窗子，长长的蓝色窗帘在下午遮蔽着阳光，天花板看起来遥不可及，熄灭的吊灯悬挂在氤氲的烟雾之中。房间的四面墙壁上都装着一层软木板，我感觉自己像闯进了一个巨大软木塞的内部。我看到一张铜制的床和床单的一角，一抹绿色的灯光留在白色的布面上。

至于普鲁斯特先生，我只能依稀辨认出厚毛衣里面露出的白色衬衫和他倚靠在两只枕头上的上半身。他整个人处于黑暗与烟雾之中，完全是隐形的，除了那一双正望着我的眼睛。与其说我看到了它们，不如说我感知到了他的目光。

我向这个隐形人行礼，然后放下托盘。他只做了一个手势，应该是在表示感谢，但并没有说话。没有什么会从我的记忆中抹去普鲁斯特先生当时的样子：他躺在铜床上，带着我无法看清的面容，保持着静止的姿态，我能接收到的只有投来的目光和一个比话语更加优雅的简单手势。就这样，他已展露出无与伦比的风度。

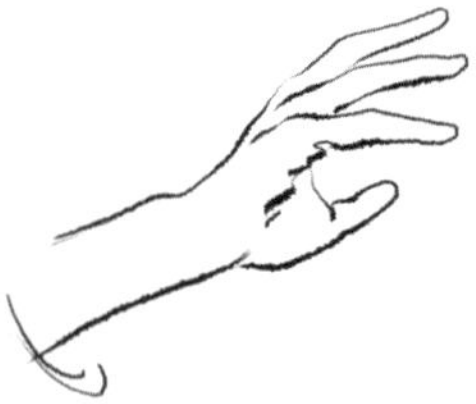

不知不觉间，
我已经向一个时间
之外的世界迈出了第一步。

我以为赛琳娜康复之后就会重回她之前的工作，一切都会恢复原样。我从没想过取代她的位置，因为我也没有真正担任某个职务。然而当赛琳娜从医院回来时，普鲁斯特先生却辞退了她，说她想掌控一切。而干练又周到的完美男仆尼古拉则继续留在原本的岗位，像以前一样负责先生的咖啡。而我则被安排清洗家中的衣物。于是我又见不到普鲁斯特先生了。

第三章

·

您为什么不直接叫我塞莱丝特呢？

一天晚上，奥迪隆比我预想的更早回到了勒瓦卢瓦的家。战争爆发了，全民总动员也开始了。他收到的动员令上要求他即刻前往自己的召集中心——巴黎军事学校（École Militaire）报到。“即刻”指的是第二天早上六点。这意味着我们两人的生活就此地覆天翻，同样如此的，还有其他成千上万的人。

我丈夫的第一个念头就是去一趟奥斯曼大道，因为他担心自己如果不尽快见到普鲁斯特先生，之后可能就不会再有时间了。从这件事就足以看出普鲁斯特先生在周围人心目中的魅力和受尊敬的程度。

得知奥迪隆想要见他，普鲁斯特先生就立刻请他直接去他的房间，不必等候，并对奥迪隆说了这样一席话：

“我对你们夫妻两人面临的境况感到非常难过，亲爱的阿尔巴雷。我最想告诉您的是，如果您太太想继续留在巴黎生活，我可以向您保证，如果她遇到什么危难，有任何我能帮上忙的地方，我都会在那里，而且她知道在哪里可以找到我。在这期间，她也可以继续来我这里工作，想工作多久就工作多久。”

我的丈夫被深深感动的同时，也安心了。

于是我决定暂时先不离开巴黎并继续来工作。15天后，尼古拉也被动员入伍。很多年之后，再反复回想为普鲁斯特先生工作初期的事时，我才意识到他应该已经预见了局势的发展——他早料到自己有一天会孤身一人。因为后来他自己跟我说，和当时大多数人的观点相反，他一直觉得战争会持续很久并早晚会把尼古拉也从他身边带走。

接着，在1914年的
夏天……战争爆发了。

“夫人，要发生的事情已经发生了……”

“……奥迪隆和尼古拉都被动员入伍了，只剩下我一个人了。我无限感激您愿意屈尊来照料一个病人。我也不必隐藏，如果您愿意暂时搬来这里，我会非常高兴。这自然是一个临时的解决方案。一个卧病在床的男人让一个女人待在身边实在不太妥当。特别是一个年轻的女人。”

“嗯……我可以接受，先生。”

“您尽管放心，我不会要求您任何事，我会打点好我自己的生活。您只需要准备好我的咖啡，这是最重要的。夫人，我知道您什么都不太了解，也什么都不太会做。您甚至不知道怎么用第三人称讲话。”

“是的，先生，我可能永远都学不会。”

“夫人，我永远都不会要求您这些。”

先生，您为什么不直接叫我塞莱丝特呢？
因为，夫人，我不能这样称呼您……

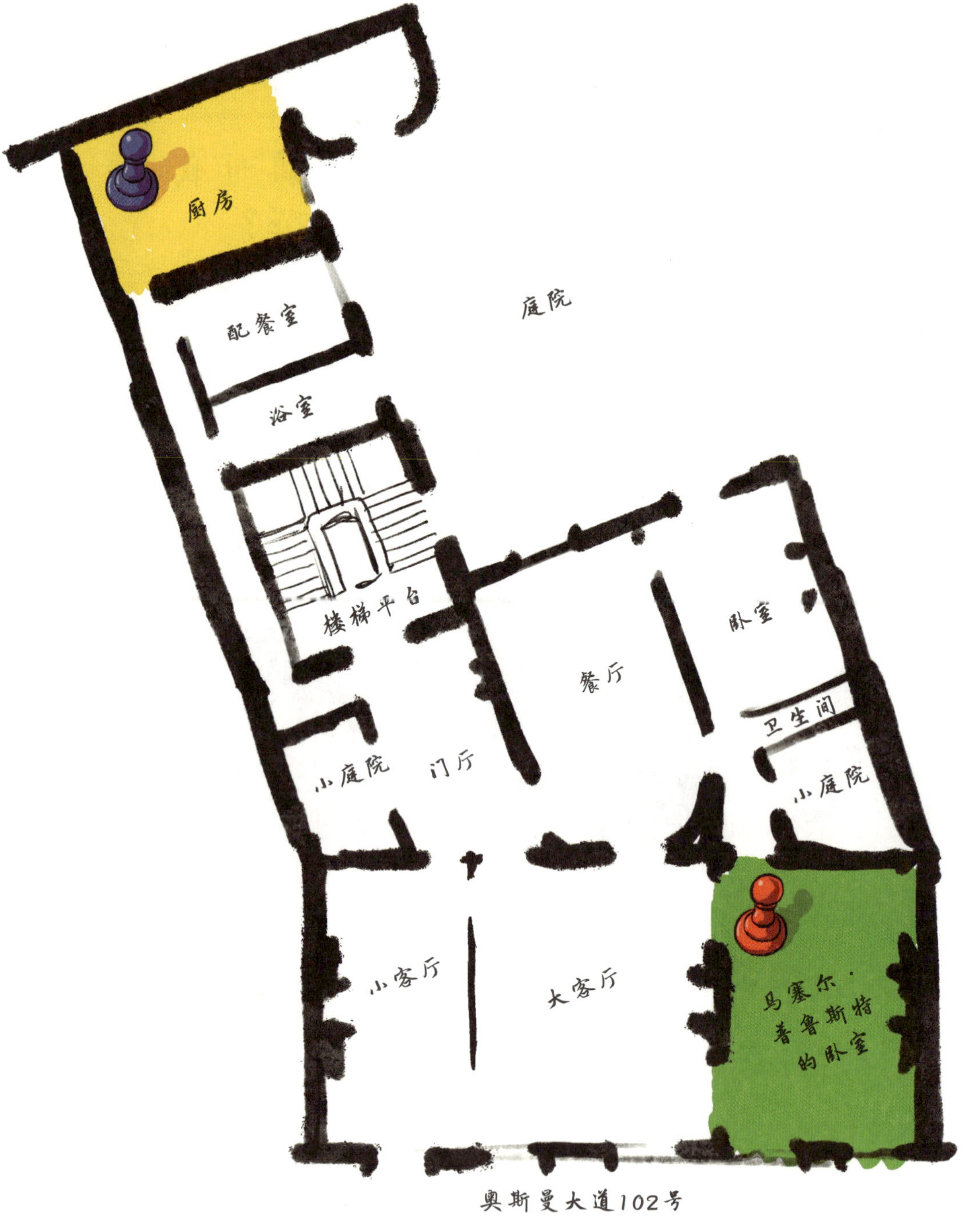
厨房
庭院
配餐室
浴室
楼梯平台
卧室
餐厅
卫生间
小庭院
门厅
小庭院
小客厅
大客厅
马塞尔·普鲁斯特的卧室
奥斯曼大道102号

我带着行李来到了奥斯曼大道。

普鲁斯特先生终于找到一位男仆，我记得他名叫厄内斯特(Ernest)。这位男仆是瑞典人，他自命不凡到了至少把自己当成瑞典国王的程度，或者就是上帝了。但他其实没做什么事情。慢慢地，我便了解了家中的事务和普鲁斯特先生的日常作息。我学会了在他休息或工作的时候保持安静，在他醒来前的下午和他出门后归来前的夜晚默默等待。

在这些年月里，他的房间几乎就是他全部的生活场景，也有点儿变成了我生活的一部分。整个屋子的内部都铺着软木以便把噪声阻隔在外面。然后就是“他的”墙。床头后面立着一扇非常美丽的中国式样的屏风，除此之外都布置得很简单，在其他硕大的家具的映衬下，像是在宽敞的房间里留出了一方角落。

第四章

·

最后一次去卡堡度假

卡堡

九月初的某一天，普鲁斯特先生突然对我说：“夫人，既然战争让居民们都离开了城市，我决定像往年一样，去诺曼底（Normandie）的卡堡（Cabourg）散散心。麻烦您照管好我的行李。我的手稿放在这个手提箱里。我出行的时候都会随身携带它们，这是我最宝贵的财产，绝不能和我分开。这个箱子是放在行李车厢的，里面装着外衣、贴身衣物和毛衣。还有两件我特意准备的可以在海边穿的外套。不要忘记带上我的被子，因为旅店的被子有樟脑味，我实在受不了。最后，还有我装着哮喘药的药盒。”

卡堡

在旅店里，他受到了最为隆重的接待。所有人都心甘情愿地放低姿态，竭尽所能地取悦他。

普鲁斯特先生在支付小费方面确实一向出手大方。可以看得出来，他在这里有种宾至如归的感觉。

他很高兴再次回到自己每年夏天都会入住的房间——137号房，如果我没记错的话。

在这里的生活和在巴黎并没有太大差别，但没有那么封闭。我印象中普鲁斯特先生并没有约见很多朋友。葛夫勒伯爵夫人（La comtesse Greffulhe）和孟德斯鸠伯爵（le comte de Montesquiou）曾来访，但他没有接受他们见面的要求。他希望与和他写作有关的人们保持比较近的距离，以便在需要的时候可以见到他们，但他并不认为自己有随时接受他们见面邀约的义务。普鲁斯特先生外出透气的时候，我会去整理他的房间，但有时我也会有空闲时间一起出去走走。正是因为这样，我们之间的关系发生了很大的转变。从那时开始，他不再称呼我为“夫人”，开始叫我塞莱丝特。

也是从那时起，他偶尔会让我留下和他闲聊。

自命不凡的厄内斯特成为我们之间的一大话题。只要凑在一起，我们就总在谈论他；我会模仿他那像煞有介事的神情，普鲁斯特先生也会学他的样子，然后两个人哈哈大笑。

当我们这样开玩笑时，符合我天性和23岁年纪的那种天真率直便会显露出来。

“塞莱丝特啊，海边这慵懒闲逸的生活多么美好！但厄内斯特看起来并不享受。您知道的，这个厄内斯特让我很是厌烦。”

“他趾高气昂的样子像一只公鸡……”

“塞莱丝特，这附近有一家店做的可丽饼非常好吃。您为什么不去尝尝呢？叫一辆车去吧，我来付车费。”

“先生，我不去是因为我觉得和您待在这里就挺好的。”

“谢谢您，塞莱斯特。”

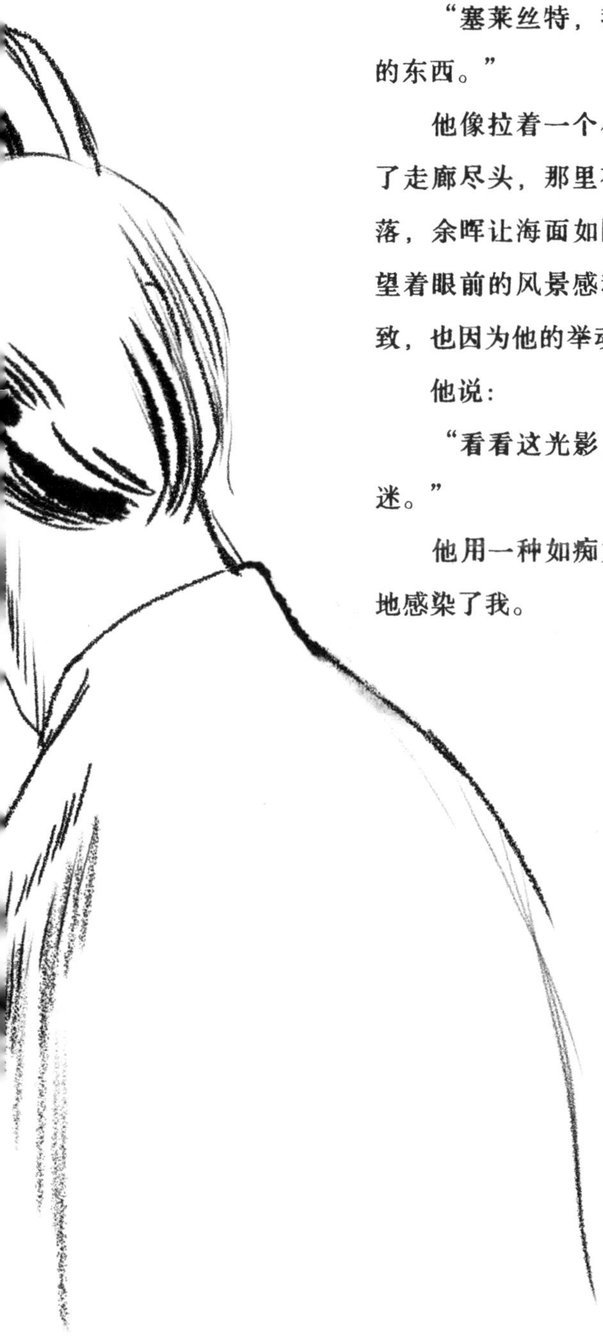

一天晚上，他神神秘秘地跟我说：

“塞莱丝特，我想给您看一个您从来没看见过的东西。”

他像拉着一个小姑娘那样牵着我的手把我领到了走廊尽头，那里有一扇很大的圆窗，窗外正是日落，余晖让海面如同火焰般燃烧着，红光闪耀。我望着眼前的风景感动不已，既因为这无与伦比的景致，也因为他的举动。

他说：

“看看这光影，多美啊！这景色总是能让我入迷。”

他用一种如痴如醉的语调讲出了这句话，深深地感染了我。

我记得度假尾声的另一个晚上。那晚他也站着，望着外面和我说：

“塞莱丝特，过来看看。这是秋分天文大潮的日子，人们要把东西都搬到堤坝上去，不然一切都会被潮水击碎卷走。快来看！这当然没法和布列塔尼（Bretagne）附近的潮汐相提并论！我很久以前和我的作曲家朋友雷纳尔多·哈恩（Reynaldo Hahn）去看过。啊，真想再去那里看看……那实在太壮观了，塞莱丝特。”

这是他第一次和我聊到一件会在我们之后的对话中被反复提起的事：

“也许有一天，我的身体状况会好转一些……我就带您去布列塔尼。我太希望您可以看到那景象了。”

但我吓得直哆嗦。

“这汹涌的激流，这看起来快要高过旅店的水浪都让我感到害怕，先生。”

这段美妙的旅居生活并没有持续很长时间。我们住的旅店被征用，为军队服务。以至于在我们返回巴黎的路上，普鲁斯特先生突然感到严重的呼吸困难。我吓坏了，在第一个停靠站，我就冲到站台上寻找可以让普鲁斯特先生在车厢里进行熏蒸疗法的各种物品。我不知道我们后来是怎么回到奥斯曼大道的。

每年，趁普鲁斯特先生住在卡堡的时候，家里都会进入备战状态，整个公寓会被彻彻底底地打扫一遍。

普鲁斯特先生让所有人离开，准备休息，又叫我给他准备了热水袋。

“让我一个人待着吧，塞莱丝特。如果我没按铃，您就不要过来。”

我怀着忧虑不安的心情等候着。几个小时之后，铃声响起，我急忙赶去他的房间。

“亲爱的塞莱丝特，让您担惊受怕了。我很感谢，也能理解：这是您从没遇见过的情况。有件事我必须要告诉您，塞莱丝特。我和您一同经历了这次旅行，但到此为止了：我不会再出远门。再也不会去卡堡或其他地方了。军人在履行他们的职责。我不能像他们那样去战斗，我的职责就是写我的书，创作我的作品。时间如此紧迫，我没有空闲去做其他事情了。塞莱丝特，可以麻烦您把公寓里所有的护窗板都关上吗？光线会影响我。把电话合约也解除好吗？我不想再受到任何打扰。”

就在1914年9月的那个晚上，为了自己生命和创作的最后八年时光，他自愿地开启了隐居的生活。尽管我几乎什么都不会做，而且就像他说过的那样，一个年轻的女人单独陪在一个生病的男人身边也不太合乎情理。但我还是留在那里，和以往一样没有犹豫地随他一同走进了这样的生活，直到最后。

许多个夜晚缓缓流逝，我才明白普鲁斯特先生所追寻的，是置身于时间之外重返时间。时光不复存在，只有静默。他需要这样的寂静来回顾过去，只听到他想听的声音，那些留在他书中的声音。

而我呢，对这样的生活方式没有任何心理准备。

但很快地，我就适应了他的步调，融入了他生活的那个具体、独特的时间之中。在这个时间中，没有时刻的概念。没过多久，时间的刻度和它运转的周期也被驱逐出了我的生活。

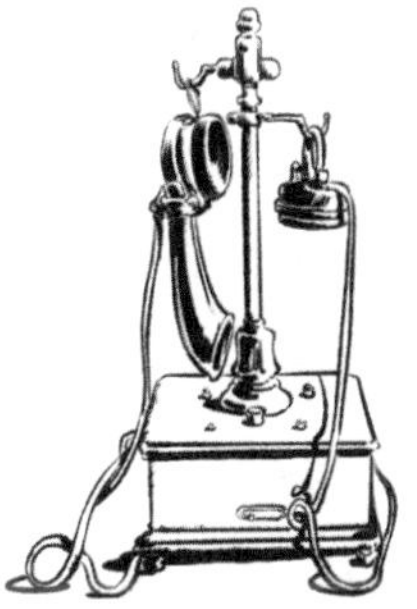

第五章

·

我定居在他的隐居生活中

渐渐地，生活的运行方式固定下来，不再有变化。在公寓里，永远不会有阳光洒进来，窗帘总是遮得严严实实。我们要么生活在电灯的光亮中，要么生活在持续的黑暗中。我不再有时间的概念，但天光微亮就要开始工作，特别是在厄内斯特离开之后。我跑进跑出，照料着一切，不是在忙这个，就是在忙那个，做咖啡，清洁打扫，去打电话或购买某件特定的物品，送信，烘热衣物被单，准备或更换被他叫作“球”（boules）的热水袋，整理那些普鲁斯特先生一摞摞堆放在床上的报刊和纸页，让他房间的壁炉燃起并注意不让它熄灭，准备泡脚水……

最复杂的就是咖啡。

尼古拉曾给我演示过，简直是一套仪式般的流程。普鲁斯特先生对饮品的品质非常讲究。首先，绝对不能选用科瑟莱（Corcellet）咖啡豆以外的咖啡品牌。而且必须要去位于列维街（Rue de Lévis）上烘培豆子的店铺里直接购买，这样才能保证新鲜优质，不失香气。接着，过滤器也必须是科瑟莱的，绝对不可以换成其他品牌，连小托盘也得用科瑟莱的。为了得到普鲁斯特先生想要的浓咖啡，需要在过滤器中装满磨得很细的、压紧实的咖啡粉末，然后让水缓慢地流过，一滴一滴落下，在这个过程中，所有器具都要泡在热水里保温。

塞莱丝特，您买的这些手帕不够柔软。它们让我的鼻孔痒痒的，总是打喷嚏。请不要再拿给我了。手帕和鞋子一样，只有用旧了的用起来才舒服。请把这件事牢记在心，塞莱丝特。
塞莱丝特，很抱歉打扰您，但我感觉有点儿冷。您可以帮我拿一件毛衣过来，好让我把它披在肩上吗？
塞莱丝特，您忘记把在勒梅特花店订的白兰花带给斯特劳斯夫人了，我和您吩咐过的，这很重要。

塞莱丝特，我要出门了，请帮我叫一辆车好吗？一会儿我出门之后，您能把那些还没送出的口信捎到吗？我不确定我几点会回来，但是希望您可以在我回来之前处理好一切。当然了，您也会整理我的房间并给它通通风吧？

塞莱丝特，您没有更换床单，您知道床单一定要每天都换的。上面会有一点潮湿，还有睡了一夜之后一股淡淡的酸味。我无法忍受这样。您可能没有意识到，但您这样的做法实在很糟糕。

这双手套怕是没有洗过吧，塞莱丝特，闻起来有香精的味道！您很清楚我受不了香水味。去拿其他的手套给我吧。

和其他事一样，洗漱也有一系列严格的程序。

我要负责所有的工作：

在炉子上隔水加热两锅热水，那个时代自来水并不常见，我们也只有厨房里有水龙头。

提前很久把贴身衣物、毛衣、衬裤、干净的衬衫放进炉子里烘暖，在普鲁斯特先生起床时，它们的温度应该刚刚好，和对水温的要求一样。

去莱克列克药房买刷牙用的牙粉，他总是用同一种，质地很白很细，是专门为他准备的。

在他梳洗的时候把一切准备妥当：水、衣物、毛巾，都要整齐摆放在恰当的位置，桌子上、椅子上或是触手可及的地方。

在盥洗台上叠放好二十几条细亚麻布毛巾。这些毛巾真是个大场面。他每一条都只擦一下，就换下一条。然后它们就都被送去拉维尼洗衣房清洗。他每次都会用很多条毛巾。真是太浪费了！

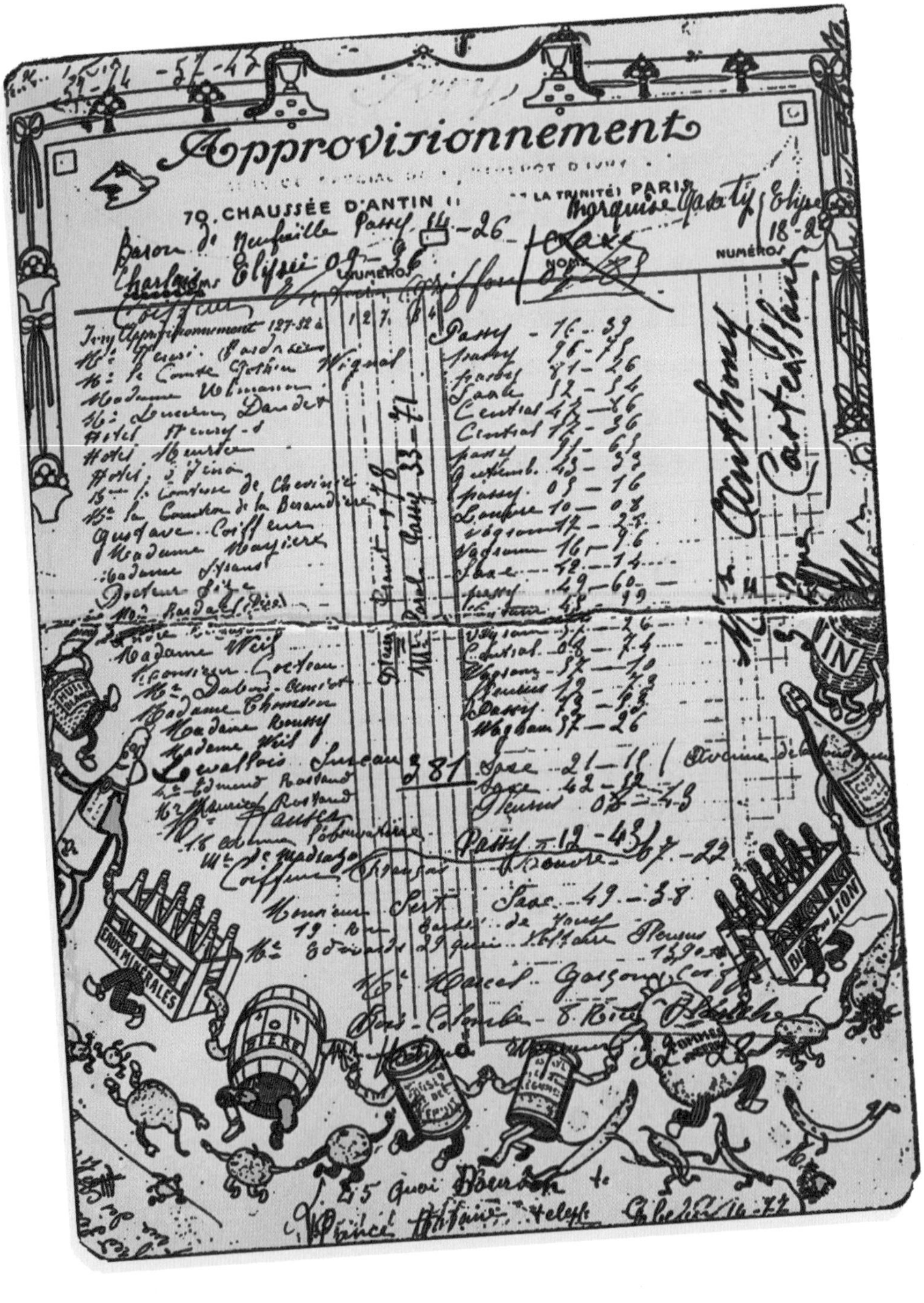
Approvisionnement
70, CHAUSSÉE D'ANTIN
LA TRINITÉ PARIS
NUMÉROS
NOMS
NUMÉROS
VIN
EAUX MINÉRALES
BIÈRE
LION

那时我会去楼下的咖啡厅打电话。我自己制作了一张小卡片，上面列出了他所有亲朋好友的名字和他们的电话号码。普鲁斯特先生给我做了仔细的讲解，教给我如何询问对方是否是我要找的人，以及如何称呼他们。“跟着我重复一遍我说的话，”他对我说，“我可否有幸和阿尔布费拉公爵（Le Duc d'Albuféra）先生说话？”

我像他的录音那样重现他说的话，以至于听到的人们会误以为是在和他打交道。通常在几天之后，他会来检查我是否有完全遵照他的意思讲话。

“塞莱丝特，我那天交给您一个打电话的任务。我请您给贝尔纳·格拉塞（Bernard Grasset）传达一个口信。您不介意的话，可以重复一遍您在电话里是怎么说的，还有他是怎么回复的吗？”

这就是他最专横严苛的地方。没错，他是个暴君。但我们最终还是会因此而喜欢他。

有一天，我喊他"我讨人喜欢的麻烦鬼"，
于是他就送了这张签名的照片给我。

对于食物，他倒是不太挑剔。而且如他所说的那样，我根本不会做饭。通常我会去外面买，比如从拉鲁餐厅（Chez Larue）。他的口味非常简单。我记得自己给他做过龙利鱼、鸡肉和薯条。他食量很小，但有时会在晚上突然食欲大振，这和他年轻时与食物相关的回忆有关，我要去拉鲁餐厅买布尔达鲁洋梨塔，去堂哈得（Tanrade）铺子买果酱，去布尔博纳（Bourbonneux）甜品店买奶油面包，还会买覆盆子或草莓口味的冰激凌，每样东西都要去特定的店铺。然后他就会津津有味地吃起来。

普鲁斯特先生偶尔也会在外面用餐。在战争期间，他养成了去营业到很晚的丽兹酒店（Hôtel Ritz）餐厅吃饭的习惯。他对里面错综复杂的走廊、隐秘的小房间、会客室、衣帽间、食品贮藏室和暗道了如指掌。这是他的“丽兹时期”。他也会邀请自己圈子里的人去那里。丽兹酒店的主管奥利维耶·达比斯卡（Olivier Dabescat）会向普鲁斯特先生讲述一些详细的情况。比如谁和谁一起共进了晚餐，某位女士在某天晚上穿了条什么样的裙子，在某一桌上的人们遵循了怎样的餐桌礼仪。他获知这些信息的时候总是非常高兴，也会把它们与我分享。

普鲁斯特先生心情好的时候，就会把他写好的书稿拿给我看并说着：

“你看，塞莱丝特，我认真工作了！看啊！一页、两页、三页……我对自己挺满意的。”

但在另一些日子里：

“我可怜的塞莱丝特啊，我受不了了。我写的东西一文不值。我对自己失望极了。”

他对金钱不感兴趣。

当我想到普鲁斯特先生的花销，给洗衣店的钱、用来买书的钱和给朋友们买各种礼物的钱时，我就会很难过。“钱就这样流走了……”我跟他说。

“先生，还好您出生在一个富裕的家庭，如果您出身于一个贫穷的家庭，我不知道您能以什么方式维持生计。”

普鲁斯特先生回答道：

“我的父母给我留下了可以自由支配的金钱。但是，塞莱丝特，我并不富有。这对我来说是一件幸事，因为富有的人……就要履行很多的义务。那样我可能就不能写我的书了。”

现金就这样散乱地放在他房间的中国式柜子里。我会从抽屉里取出钱交给他。他从不用自己的双手触碰或整理这些钱。我会先垫付家中的开销，之后普鲁斯特先生再补还给我，他对具体的支出明细并不感兴趣。他从来不看我交给他的发票。价格有零有整的时候，他总是会直接按整数多给我。而我每个月会领100法郎，这在当时是比较合理的薪水。

第六章

•

他把自己囚禁在病痛中

这个男人超过一半的人生都是躺在床上度过的……

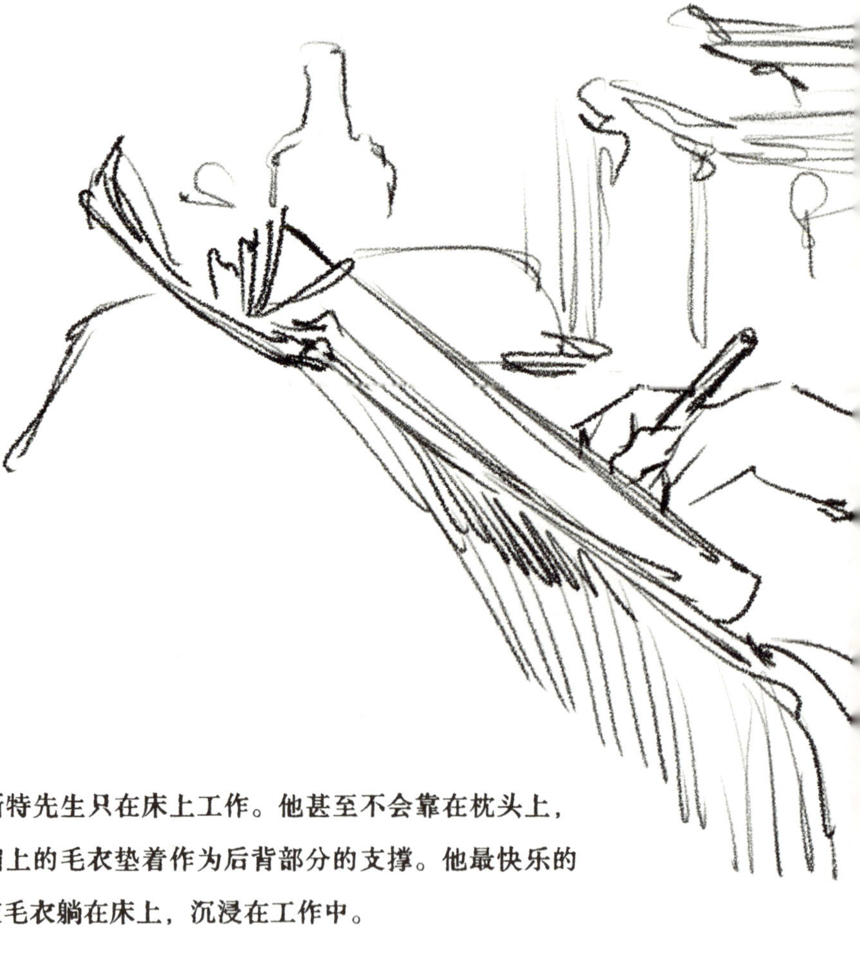

普鲁斯特先生只在床上工作。他甚至不会靠在枕头上，只靠披在肩上的毛衣垫着作为后背部分的支撑。他最快乐的事就是肩披毛衣躺在床上，沉浸在工作中。

而我呢，我无休止地关注着他哪怕最微小的指示。稍有一点动静，就站起身来待命。我和他写的《女囚》（*La Prisonnière*）这一卷中的人物并无关联，但我的生活却很符合这个名字。可以说我的每周七天，每一天的二十四小时都只为他而活。

他出门的晚上，我就在一片沉寂的楼中守候着。整栋楼中没有其他住户会像他一样那么晚回来。我一听到电梯发出声响，就会在他抵达楼上之前在电梯间里等着，手放在电梯门的把手上准备为他开门。我必须在那里，他的口袋里从来不会装家门的钥匙。我猜他从来也不会费心去想自己有没有随身带着家里的钥匙或是钥匙放在哪里。

他回来时总会问一句“怎么样？”，这是我们之间一个小小的习惯。然后我就会回答：“先生您回来了呀，就是这样。”只要见到他，我就知道他晚上的会面是否愉快。我只需看看他的帽子，就可以判断。他高兴的话，帽子就会端正地戴着，稍微向上抬起，露出前额。不高兴的时候，帽子就会压低到眼睛上方。到家时，他总是会露出灿烂的微笑。一回来就问：

“我的屋子都收拾完了吗，塞莱丝特？”

他不在的时候，我给他的房间通了风，也收拾好了一切。他从不整理房间里的任何东西，也不会捡起任何东西。普鲁斯特先生离开时，他的床铺上留着报纸、纸张、倒下的蘸水钢笔笔杆、手帕、书信……统统需要清理。然后我在扶手椅上放一些毛衣，以防他回来之后觉得冷或是想要换换衣服。有一天他回来之后跟我说：

“塞莱丝特啊，我一整个晚上都在外面心不在焉，心里想着我放在床上的一条笔记。写在一张很小的纸上……如果找不到了，可就糟糕了。”

我知道他说的那张笔记在哪里，普鲁斯特先生又说道：

“啊，塞莱丝特，我就知道您什么都不会弄丢。真不愧是塞莱丝特！”

夜晚就是白天。我要陪他到早上五六点钟，也可能是七点钟才能休息。久而久之，这样的夜晚越来越长。后来，他习惯于随时召唤我。我会第一时间赶到，头发都来不及梳理。

“我可怜的塞莱丝特，您已经睡下了？原谅我，亲爱的塞莱丝特，我不确定明天我会不会像之前和您说好的那样不出门。如果我精神好的话，有一个人我想去见见。我们明天再一起看看情况。或许我想请您打电话问问他是不是方便见面。另外，我亲爱的塞莱丝特，明天我想早一点喝咖啡。还有最后一件事，塞莱丝特，您可否把那本编号12的黑色笔记本拿给我？噢塞莱丝特，您披着头发的样子很像蒙娜丽莎。”

在整个公寓被寂静笼罩着的时段——他要么在休息，要么在工作，我也不太清楚——绝不能靠近任何一扇门，也可以理解为不能随意走动。他能听到所有声音。想要知道他工作多长时间和想要回答“他几点睡觉？”这个问题一样难。睡眠会成为他写作的一个主题实在不足为奇。

我记得他书中有这样一句话：

一个睡着时的人将时刻流逝的迹线、岁月年华，以及世界景物的序列圈绕在身边。

为了消磨等待的时间，我会缝制一些蕾丝花边。有一天，他询问我如何打发空闲的时间。我就如实告诉了他。他惊呼道:

"塞莱丝特，你应该读书啊！"

他给我推荐了《三个火枪手》（*Les Trois Mousquetaires*）。我读完了这本书并对这个故事十分着迷。我们在晚上多次谈论起这本书。

"先生，我在想米莱狄（Milady）这个女人，怎么总是能找到合适的时机背叛她周围的人。"

"确实如此，塞莱丝特。我也推荐您读读巴尔扎克的小说。您会发现他写得多么精彩。等您看完我们再讨论。"

但那时的我太年轻了，还是更喜欢缝纫。想到我本可以在我们相处的夜晚从他那里学到的东西，天知道我之后有多么后悔。

我把他的信件也放在送咖啡的银制托盘上交给他，这也是惯例之一。普鲁斯特先生写很多信，也会收到很多信。他有时会读一些书信的片段给我听。普鲁斯特先生给某人写信时，总是带着目的的。有时是为了获取对他的写作研究有用的信息，有时是为了通过一个人再见到某个人。还有可能是为了遇到对他的书感兴趣的人。普鲁斯特先生懂得如何运筹帷幄。

“当我想到那些我必须要写的信时，塞莱丝特，我就没时间用来写书了！您看着吧，塞莱丝特，我还没有去世，所有人就会把我写的信公开出版。我写了太多。但我与世界的联系仅靠着书写来维系……”

普鲁斯特先生十分关注新闻事件。他常向我解释政治局面，几乎每天都会评论时事。他说这是“为了培养您的文化修养”。在为他服务之前，对政治一无所知的我，之后也对政治产生了兴趣。我听着他的讲评，将他所言一饮而尽。

“这家民族主义报纸真是荒唐！全是些沙文主义的文章！以战争为借口，呼吁人们憎恶所有与德国有关的东西！不再听贝多芬和瓦格纳！还有这些陈词滥调的内容！为什么情感一定要是内敛的呢？还有淳朴就要面带微笑，哀悼就必须满怀痛苦？”

“塞莱丝特，我感觉不太舒服。您确定把所有窗户都关好了吗？您知道吗，我的支气管就像熟橡胶，因为过多地被要求做这做那，已经丧失了弹性。我真的很老了，塞莱丝特，像我的老支气管和老心脏那么老。塞莱丝特，我好累、好累……塞莱丝特，劳驾您打电话叫比兹医生（Dr Bize）过来一趟好吗？”

比兹医生是他的专属医生，是一个灰头发的矮个子男人，非常沉稳，非常严肃，也非常有礼貌。他称普鲁斯特先生为“阁下”。先生从未找别的医生问诊过。比兹医生每次过来停留的时间都远远超过任何问诊需要的时长。

普鲁斯特先生有种喜欢让医生担心的怪趣味。我觉得普鲁斯特先生找他来主要是想和他说说话，以及了解一些他书中需要的细节。但比兹先生忧心忡忡的，他说普鲁斯特先生的生活习惯等于慢性死亡，而且他吃得不够多。他让我留意常年摆放在他桌上的咖啡因和巴比妥胶囊。

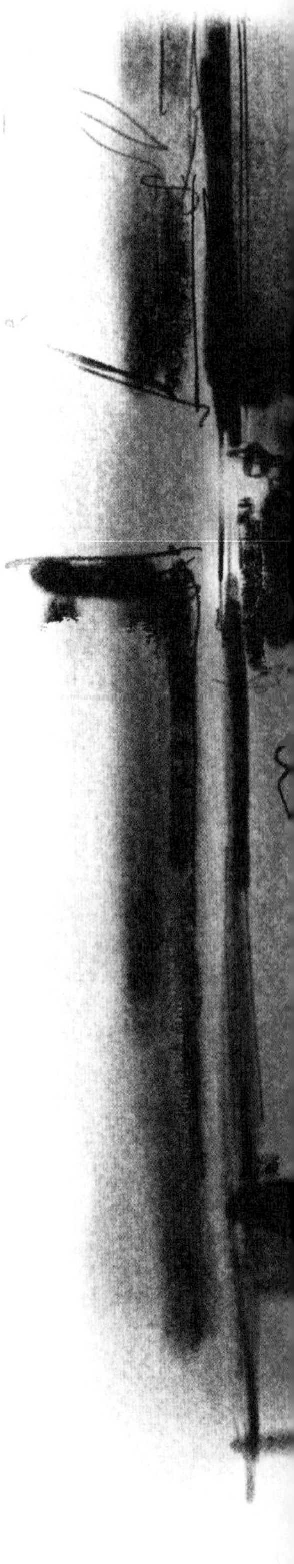

我在五年间只见过奥迪隆四五次。时间漫长，没有多少音讯。奥迪隆第一次被批准休假是在1915年。可怜的人！他当时的样子我依然记得，他的脚上穿着士兵专用的靴子，当我为他打开仆人专用的门让他走进厨房时，他看了看干净的地砖，突然不敢把双脚踏上去了，或者也许是他不再知道如何像一个体面人那样走路。我的注意力都被他的一脸大胡子吸引。他的样子很吓人！可怜的奥迪隆解释说战壕里实在太冷了，如果他刮掉胡子，脸上的皮肤就会皲裂开。

“恐怕塞莱丝特说得没错。这一脸胡子确实不太适合您。”普鲁斯特先生也这样和他说。

我的丈夫最后还是决定剃掉了他“漂亮”的大兵胡须。

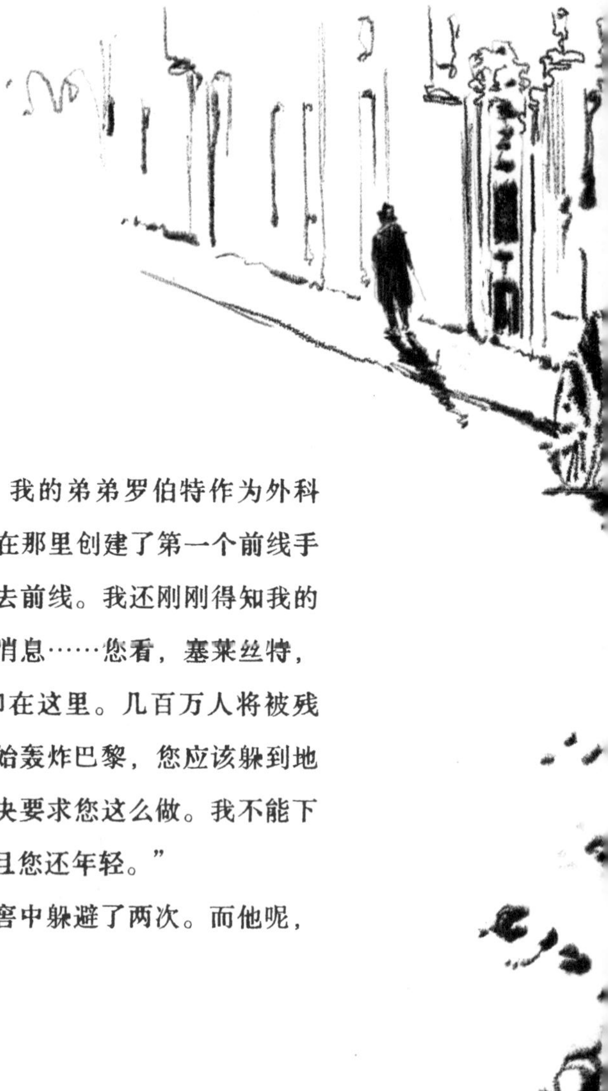

“塞莱丝特，我非常担心。我的弟弟罗伯特作为外科医生驻守在凡尔登（Verdun），在那里创建了第一个前线手术室。雷纳尔多·哈恩主动申请去前线。我还刚刚得知我的朋友贝特朗·德·芬乃伦死去的消息……您看，塞莱丝特，他们身处枪林弹雨之中，而我却在这里。几百万人将被残杀……塞莱丝特，德国人已经开始轰炸巴黎，您应该躲到地窖里去。必须、一定要去，我坚决要求您这么做。我不能下去，因为那里有太多灰尘了。况且您还年轻。”

在巴黎被轰炸期间，我去地窖中躲避了两次。而他呢，当然从没下去过。

第七章

•

有很多朋友，但没有友情

—菜单—

鳎目鱼排

鸡肉

白梨酒冰激凌店的冰激凌

•

我不认为普鲁斯特先生拥有强烈而深厚的友谊。他曾与比贝斯科家的两位王子走得比较近，埃马纽埃尔（Emmanuel Bibesco）和安托万（Antoine Bibesco），而后者认为普鲁斯特先生只真正喜欢过两个人：他的母亲和我。当他对我说出这个看法时，我备受感动。我的想法也差不多，这其中没有任何虚荣心作祟，他说的很可能是真的。

普鲁斯特先生不常邀请朋友来家里做客，每次也只会邀请一个人。被邀的客人会坐在扶手椅上，而这时，我会为客人摆放好餐巾和餐具。菜单几乎没有什么变化，普鲁斯特先生会在我的能力范围内提出要求。为了这些晚餐，他会让我去买上好的葡萄酒招待来宾。而他自己只喝啤酒。

没有他们，他也能轻松自如地生活。

埃马纽埃尔·比贝斯科

Comte R. de Billy
罗伯特·德·比利伯爵
Lucien Daudet
吕西安·都德

Duc de Guiche
吉什公爵
Mme Straus
斯特劳斯夫人

博尼·德·卡斯特拉内

普鲁斯特先生会约见某一些人，只是因为他们对他写书有帮助。比如博尼·德·卡斯特拉内，一位有名的花花公子，就是圣卢的现实原型之一。我很确定，普鲁斯特先生想通过再次见到他来了解故事中的人物应该是什么样子。他只来家中拜访了一次。我想，在此之后，普鲁斯特先生就知道该如何塑造这位圣卢了。

在他的来访之后，普鲁斯特先生跟我说：

“您看见这位先生了吧，塞莱丝特？看到他的衣着打扮、他的优雅风度了吗？而他其实已经身无分文。他睡在盖浴缸的板子上，因为他已经没有自己的房间了！啊，亲爱的塞莱丝特，他向我称赞了您烹制的鸡肉。”

所以，他喜欢一些人并维系和他们之间的关系是为了他的写作，而他喜欢另外一些人就是喜欢他们在生活中原本的样子。

雷纳尔多·哈恩

作曲家雷纳尔多·哈恩是先生一位重要的朋友，唯一一个每次来都会被接待的人。在所有他熟悉的人中，他算是他最欣赏且最早建立情谊的朋友之一。在普鲁斯特先生年轻时，他们曾一起去威尼斯旅行，还有先生的母亲做伴。他保留着关于那趟旅行的闪耀记忆。雷纳尔多·哈恩常常会不打招呼就直接过来。我为他开门，如果普鲁斯特先生刚好没有在休息，也没有在做熏蒸治疗，他就会径自前往先生的房间。否则，他就会询问一番之后离开。他也是唯一一位在会面结束之后离开时，不需要我陪送到门口的客人。他自己就会一溜烟似的走了。我实在找不到别的形容，他真像是一阵风。几乎每次雷纳尔多·哈恩走后，普鲁斯特先生都会把我叫去询问：

“亲爱的塞莱丝特，雷纳尔多有没有把门都关好？”

因为门不能只是简单地带上，而是要关得严严实实，绝不能让一丁点儿风漏进来。而雷纳尔多·哈恩几乎每次都会将身后的大门敞开着扬长而去。

我还记得他另外一个朋友——罗伯特·德·孟德斯鸠（Robert de Montesquiou）来访时的情景。他只来过一次，却令人难忘。那一次，我没有准备餐食。普鲁斯特先生对他的造访并不太重视，我猜这位伯爵的凶恶行径让他有些畏惧。“他像一条直起身子的眼镜蛇。”他这样说道。

他又补充道：

“但是您也看到了，他鲜明的个性魅力如此强烈，以至于我根据他创造了一个书中的人物，巴拉麦德·德·盖尔芒特，夏吕斯男爵。这才是对我来说最重要的事情。亲爱的塞莱丝特，您想想看，孟德斯鸠伯爵的祖上可以追溯到十字军东征。这个人是法国历史的一座纪念碑，简直是一件古代珍宝。我的天啊，要历经多少泛泛之辈才能遇见这样一位不寻常的人物啊。”

“直起身子的眼镜蛇”

孟德斯鸠

在所有他认识的人中，罗伯特伯爵是他最常向我提及的人。这位伯爵与圣日耳曼福堡（Faubourg Saint-Germain）[1]的显赫家族是姻亲，而且在文学界享有很高的名望。普鲁斯特先生年轻时曾努力寻求他的引介以踏入文学圈，并最终得以如愿。在我所经历的时期，两人几乎不再会面，但有很多书信往来。孟德斯鸠的书信都像工艺品一样精美。普鲁斯特先生有时会挑其中的一些段落详细讲给我听，一边大笑一边模仿着他的神态。而普鲁斯特先生则会随手抓起一张纸来就给他写回信。

他们俩之间的关系既别扭又复杂，总是保持着相互警觉的状态。孟德斯鸠从夏吕斯男爵身上辨识出了自己并为这个人物的命运担忧。

普鲁斯特先生对他也有所戒备。在他唯一一次来访时，伯爵宣称自己会差人给普鲁斯特先生送来“金色巧克力”，先生随后就吩咐我说：

“如果他真送来了巧克力，请您直接把它们扔进垃圾桶，连包装都不要拆开。巧克力里面掺了毒我都毫不惊讶。”

后来并没有人送来巧克力，也没有再收到伯爵的信件，因为他在次年就去世了。普鲁斯特先生还是时常会用现在时谈论起他：他依然能在夏吕斯男爵身上看到鲜活的孟德斯鸠。

1　译注：Faubourg Saint-Germain是现在巴黎7区的一部分，曾是法国贵族阶层们喜爱的活动区域。

葛夫勒伯爵夫人

"伯爵介绍我认识了他的堂妹葛夫勒伯爵夫人。塞莱丝特，您感兴趣的话，我可以给您看她的照片。我第一次见到她时，她的头发上装饰着一串典雅的波利尼西亚风情的淡紫色兰花，一直垂到颈背的位置，还拥有一双明亮的、谜一般的双眸。我彻底被她吸引。这张照片，塞莱丝特，我费了很多功夫才从她那里得到。她认为把自己的照片送给别人是不妥当的。而我呢，您懂得的，我想用文字描绘她！我将她那优雅的颈部和装扮套用在盖尔芒特公爵夫人这个人物身上。想要受邀参加她组织的聚会、音乐会，进入她看演出的包厢对我来说就更难了。您知道的，可以在伯爵夫人身边来往的都是圣日耳曼福堡、赛马俱乐部和外交圈中的精英。而事到如今，亲爱的塞莱丝特，您也看到了，变成是我拒绝她的邀请。"

普鲁斯特先生和我讲起圣日耳曼福堡的沙龙和那些百里挑一的精英。那里曾经有成群结队的王子和公主，公爵和公爵夫人，那纵情欢宴庆祝的盛况在1914年战争爆发之后就不复存在了，也势必不会在未来重现了。普鲁斯特先生年纪轻轻就得以出入其中，人们喜欢叫他小马塞尔。他向我描述那超乎想象的奢华，仆人的服务、鲜花、画作、吊灯、珠宝，接送和等待宾客的马车把整个街区堵得水泄不通。

战争改变了一切。贵族女士们在乡间的城堡都大门紧闭，而在巴黎，继续举办沙龙聚会也显得不合时宜。庆典、宴会和上流社会的晚餐会都结束了。生活失去了光彩。取而代之的是眼前的忧虑与哀悼。

第八章

·

关于家庭

普鲁斯特先生想知道关于我童年的一切。他说："那是一切的源头，无论是天堂还是地狱。"我告诉他我在村庄里的一座大房子中长大，房子周围是我们家族的土地，只有一墙之隔，房子里面总是欢腾又快乐。我会和兄弟们穿着木底靴去冰上滑行。我还会爬树，还有很多……我给他讲述了关于我的兄弟姐妹、我们养的牲畜、我们的果园、我父母的磨坊，还有我的村庄的很多事情。我想我的故事能给他增添一些乐趣。他尤其喜欢询问一些和我母亲有关的事。我跟他形容了我母亲的性格特点。普鲁斯特先生说："您和您的母亲很像，塞莱丝特。您身上有一种纯真，一定是从您的母亲那里继承来的。在我面前，甚至在您丈夫面前，您都是不加掩饰的。"

我回答道：

"先生，那是因为我在您的身上也看到了我母亲的影子。"

我想说的是：相似的关怀，相似的热情，相似的对我的慈爱。我能看出来普鲁斯特先生的情绪被我触动了。

我的母亲在1915年去世。我从一封电报上得知了这个消息，我把它拿给普鲁斯特先生看，他的脸色一下子变得苍白，我一直记得他的手把那张蓝色的纸放在床单上的画面。

"亲爱的塞莱丝特，"他说，"我理解您的痛苦，我在您之前经历过同样的事。失去母亲，塞莱丝特，总会让有些

东西也破碎了。我的妈妈去世那天，小马塞尔也和她一起走了。您应该立刻动身返乡。我会一直挂念着您的。”

等我赶回去的时候，葬礼已经结束了。我便又立即返回了巴黎。事实上，普鲁斯特先生和我，我们俩现在都可以算是孤儿了。我离开的期间，我的嫂子莱昂蒂娜（Léontine）帮我代班来为普鲁斯特先生服务。她尽力做了她能够做的事情，但我一回来就知道她还是没有做得足够多。我差不多可以肯定的是，普鲁斯特先生在我回家期间几乎没有从床上起身过。他对我说道：

“您的嫂子会在公寓里迷路，而且她也不知道怎么整理我的床铺。”

普鲁斯特先生开始向我袒露自己的事。

“我的母亲，让娜·普鲁斯特（Jeanne Proust），本姓韦伊（Weil），是个受过良好教育的犹太裔女人。她的父亲，也就是我的外祖父，非常富有。我的父亲，阿德里安·普鲁斯特（Adrien Proust）是天主教徒。尽管我父母的宗教信仰、社会阶层和家庭状况都有些差异，他们却紧密而融洽地结合在了一起。我的父亲来自博斯（Beauce）一个名叫伊利耶（Illiers）的小村庄，他的父亲是那里的一位杂货铺店主。他自己依靠勤奋的工作成了一名医学教授。他希望我也去工作，但我并不想要一个职业，我想写作。‘真正的生活，最终得以揭露和见天日的生活，从而是唯一真正经历的生活，就是文学。’

“我的姨妈伊丽莎白·阿米奥特（Élisabeth Amiot）住在伊利耶，她非常宠爱我，曾经送过一盏魔幻灯（lanterne magique）[1]给我玩耍。我以她为原型创造了书中的雷欧妮姨妈（la tante Léonie）这个人物。她是虔诚的天主教徒，进食仅靠饮用一些药物和维希（Vichy）的温泉水，以及在食用茶点的特定时间吃一块玛德莲蛋糕。您如果在那里，就会见识到……当我在星期日的上午走进她的房间时，她就会分给我一小块已经在她泡好的茶水中浸泡过的玛德莲蛋糕……我每次见她，她都躺在床上，手里拿着一串念珠。那时她卧床不起的功夫比我还厉害，不肯在房间里多挪动一步。您知道吗，塞莱丝特，她有着专横的一面，似乎从她的床上监控着一切。她的一生都是在那间屋子里度过的。活脱脱一位被众人服侍的公主。

我认为，当他发现自己置身于两个不同的宗教信仰之间时，他并不想选择其中任何一个。

1 译注：魔幻灯，也叫西洋灯，特指早期的幻灯机。

我在书中根据伊利耶创造了贡布雷这个地方。

“妈妈的家族——韦伊家和爸爸的家族截然不同。我的外祖父纳特（Nathé）是一个股票经纪人。但家族中真正的大人物是我的舅公路易（Louis），我书中人物阿道尔夫叔公（oncle Adolphe）的原型。他在奥德伊有一座带有大花园的宅邸，那时奥德伊还是巴黎的乡野地区。我们经常会去拜访。那里充满了欢乐、金钱、舒适、生活与招摇的乐趣。他喜欢浮华和铺张。这有点犹太人的作风，您知道的，塞莱丝特。在路易舅公家，我们可以见到最时髦的美人。我的父亲会说:‘他又找了一个新情妇。’您可知道，塞莱丝特，劳尔·黑曼 (Laure Hayman) 曾是路易舅公的情妇。她是我书中人物奥黛特（Odette）的原型之一。她有一头美丽的淡金色头发和一双黑色的眼睛，在她激动时，它们合在一起就像火焰。我非常仰慕她，我为她花了太多钱在买花上，她还为此提醒我的父亲……接着哀恸的日子就来了。一切都结束了。幕布已然落下。”

Jeanne
Proust Weil
让娜·
普鲁斯特·韦伊
Nathé Weil
纳特·韦伊

Adèle
Weil Berncastel
阿黛勒·
韦伊·贝恩卡斯特尔
Adrien Proust
阿德里安·普鲁斯特

在所有被他存入记忆之库的事物中，他常常会想起童年时伊利耶村庄里的山楂树。

“塞莱丝特，您知道现在是山楂花开的季节吗？我格外喜欢山楂花。有一天，我让奥迪隆载我去谢夫勒斯河谷（la vallée de Chevreuse），为了看看那些正开花的山楂树和苹果树。我麻烦他帮我折下一小枝带过来。我隔着车窗望着它……”

普鲁斯特先生只活在记忆的梦境之中，且只为它而活。他由衷地喜爱所有的花朵。却因为过敏而无法接触它们。我想他一定因为无法在自己的家中摆放鲜花而感到难过，但他喜欢不停地送花给周围的朋友们。

十年，并不算太长的时
间。但因为是普鲁斯特
先生，十年就是一生。

“亲爱的塞莱丝特，您应该写日记。我是认真的，塞莱丝特。您完全了解我，我对您也没有任何隐瞒。在我死后，您的日记会比我的书还要畅销。除此之外，塞莱丝特，我还可以更进一步：您来写，我来评论您写的内容。”

“先生，我知道，您这又是在像您一直喜欢的那样拿我开涮。”

“您错了，塞莱丝特，而且您不这样做的话会后悔的。您一定想象不到，在我死后，会有多少人来找您或是给您写信。当然了，以我对您的了解，您是不会回复他们的。”

最糟糕的是，他说的都是真的。自从他过世之后，有来自全世界各地的人来找我。我收到大量的信件，都没有回复。而最令我后悔的就是没有在当时留下日记。

第九章

·

时间在催促着我，塞莱丝特

战争结束了，奥迪隆回来了。他利落地安顿好自己。我们之间从没商量过离开还是留在巴黎这件事。我们知道没有什么会让我们和普鲁斯特先生分离。我可怜的奥迪隆患上了低蛋白血症，是普鲁斯特先生在想办法为他治疗。而我在这些年里从来没有生过病。只有一次。应该是在1917年，西班牙流感正肆虐的时候，造成了大量的死亡。我记得我发烧了，满身大汗，走路都很艰难。我的情况很糟糕。普鲁斯特先生注意到了：

“怎么了，塞莱丝特？您感觉很累吗？您看起来好像有点不对劲？塞莱丝特，如果您是感染了什么病菌可就不妙了。您如果生病了，塞莱丝特，我们就让比兹医生过来一趟。”

我的双腿像断了一样，只能卧床，无法站起身。一个人生病实在很悲惨。我在流了很多汗之后感觉好了一些。

就是在那时，普鲁斯特先生买了一个很贵的盒子，用来给所有东西消毒。他很害怕自己会染上某种病毒，直接要了他的命。这种恐惧继承自他那专门研究霍乱和瘟疫的父亲。因此我必须把他的信件放进盒子里消毒。普鲁斯特先生觉得这样还不够放心，又开始戴着手套阅读信件。有时甚至会戴着手套接待客人。

阿姗兰街（Rue Hamelin）的房子是他最后的住所。他在那里写作，夜以继日地辛勤耕耘，并最终死于辛劳。

普鲁斯特先生的姑妈没有和他商量就卖掉了奥斯曼大道的房子，我们不得不搬家。找新住所是一件非常困难的事。有的没有电梯；有的位于不太理想的街区；有的周围噪声太大；有的离塞纳河太近：“我不想沾染上塞纳河上的雾气！”有的离环线铁路的铁轨太近：“有火车经过！啊，这个绝对不行！”终于，我们搬到了阿姆兰街44号。这间公寓和奥斯曼大道的那一间很像，面积稍小一些，只有比较简单的布置。普鲁斯特先生把它当作一个临时的栖身之地。

生活又回到了正轨，普鲁斯特先生也重拾了之前的那些生活习惯。唯一的不同之处是他越来越少出门，把越来越多的时间和精力倾注在他的文学作品中，他也越发频繁地重复着：“时间在催促着我，塞莱丝特。”我的姐姐玛丽也搬过来协助我完成采买和各种家务。那段时间里，普鲁斯特先生只接触他在身边营造的这个封闭的小圈子中的人。我想他和我们在一起时感觉很安心，像家人一般。他认识我们周围的所有人。包括奥迪隆的姐姐阿黛勒（Adèle），在战争期间，全巴黎都没有糖的时候，她给我们带来了糖。

马塞尔·普鲁斯特
追忆逝水年华，第2卷
少女花影下
巴黎
MARCEL PROUST

他的书《少女花影下》于1919年出版面世。这是普鲁斯特先生在他送给我的那本书上写下的话："给我相识八年的忠实伙伴，事实上我们的思绪如此契合，我应当称她为我永远的朋友。我简直无法想象我们曾经素不相识。"我心想，他为什么要送这么精美的书给我呢？我连书架都没有。他的书中有一段，我姐姐和我的名字作为侍女出现。[1]我想这应该是他感谢我们的一种方式。

普鲁斯特先生沙龙聚会时代的旧相识们，曾经在外面或在奥斯曼大道宴请的宾客们，都来阿姆兰街拜访。很多人想要见他一面。我负责把他们拒之门外。"我可以见见先生吗？""我可以去他的房间吗？"接着我就去询问普鲁斯特先生。天知道他们为了见他一面付出了多少努力——要迁就他的作息时间，等到晚上10点、11点，有时甚至要到凌晨1点钟。这就是他的魅力。他身上有种如太阳般闪耀的君王气质。

1 译注：见《追忆逝水年华》第四卷《索多玛与蛾摩拉》。

第十章

•

寻觅书中的人物

马里尼府邸（Hôtel de Marigny）

普鲁斯特先生会专门通过一些人收集他需要的信息。阿尔伯特·勒·库齐亚特（Albert Le Cuziat）是布列塔尼人，从前是一位男仆，后来成了妓院老板，只要普鲁斯特先生叫他来，他就会过来。他的妓院在拱廊街上的马里尼府邸里，政界人士和部长们都是那里的常客。“他会告诉我他们的怪癖，”普鲁斯特先生说，接着又补充道，“我时不时也会去他那里看看。”他说出这件事的语气和他说去拜访波蒙伯爵或葛夫勒伯爵夫人没什么区别。库齐亚特看起来像狐狸一样狡猾，我不喜欢他，也没有在普鲁斯特先生面前隐藏我对他的反感。

勒·库齐亚特

“塞莱丝特，我有很多事情要告诉您。我刚从库齐亚特那里回来。我看到的景象实在是超乎想象。我看到一个自愿被鞭笞的男人。您试想一下那画面，他在一个房间里，被带锁的链条绑在墙上，有一个看起来很凶狠的家伙在用鞭子抽打他，他的血溅得到处都是……”

“这不可能，不可能有这样的事！这太令人作呕了！”

“是真的，塞莱丝特，这可不是我凭空编造出来的。我只会忠实地描述事物真实的样子，因此，我必须亲眼看到才行。”

“在那里发生的事情，实在是荒唐至极！而您，先生，还花了很多钱去看这种东西？”

“是的，塞莱丝特，但我得这样做。”

“唉，先生，一想到那个可怕的家伙既然已经在监狱里蹲过不少时间，我就觉得他应该在里面待到断气！我不明白您怎么会去那种地方。还有，为什么您要花时间去结交那些不值得交往的人呢，比如这个库齐亚特?!”

“让我缓口气，塞莱丝特，拜托了。”

“先生，容我再跟您说几句，说完了我就离开。”

“亲爱的塞莱丝特，我累了，我需要一个人稍微静一静。”

他反复讲述着自己在库齐亚特那里的所见所闻，像是为了牢牢记住每个细节。同时，他一定已经抑制不住地想要用自己的方式把它们写进书里。我离开了房间，我能感觉到他怕自己脱口而出一些不好听的话。我也知道他之后会自己冷静下来的。如果他坚信是我错了，那我们的分歧也很难在这里一次性解决。“塞莱丝特，刚才我不能和您继续说下去是因为我累了。但我们还是应该把问题说清楚。”他说。他会在接下来的两三天里这样说好几次。他围绕着这个话题周旋，直至自我矛盾。我之后才明白，这就像他书中写的那样：解释在自我揭示中成形，直到“云开雾散”。当然，说到底，虽然很多事表面上看起来对他没什么好处，但从更深的层面来看，他总是有道理的。

有很多流言蜚语说他喜欢男人……

我不觉得我把他塑造成一个完美无缺的圣人，能给他带来什么好处……

普鲁斯特先生会把他见到的什么样的人都告诉我，我觉得自己像是透过他的双眼观看着大千世界。他把外面见到的逸闻趣事带回来，然后生动地讲给我听。想到所有那些他给我讲过的数不清的人，我只觉得眼花缭乱。有作家雅克·德·拉克勒泰尔（Jacques de Lacretelle）、安德烈·纪德、保罗·莫朗（Paul Morand）……让·科克托（Jean Cocteau）总是想给别人留下深刻的印象，我给他起了小丑（Polichinelle）[1]这个外号……还有一些大人物，谢克维奇夫人（Mme Scheikévitch）、波利尼亚克王子王妃（les Polignac）、波蒙伯爵和伯爵夫人（les Beaumont）……还有一次是画家毕加索（Picasso）。

普鲁斯特先生对小道消息真的非常灵通。他会说："塞莱丝特，我给您讲讲沙龙里的事，让您开心一下！"每次我听他讲述沙龙里那些人的故事，就像在听童话故事一样。

---

1 译注：Polichinelle是意大利即兴喜剧中的滑稽角色之一，演员们会带着面具进行演出，类似中国传统戏剧中的丑角。

Paris, 18.5.1922
Ritz
快看，他也在画里。
a dit Picasso à Jean Hugo en voyant Proust à table
OUVERT LA

Le soir,
seul
Le soir-là, Proust s'est plaint de maux de ventre, Joyce de sa vue. Ils n'avaient rien à se dire.
我没有读过这本书
ULYSSES
JAMES JOYCE
我讨厌贝多芬
Flop
Stravinsky par Picasso
12.1920

保罗·莫朗
苏佐公主

每次普鲁斯特先生在家中接待客人之后，都会问问我对这个人的印象如何。有一天，保罗·莫朗和苏佐公主一同来访，普鲁斯特先生一如往常那样询问我。

“塞莱丝特，您觉得保罗·莫朗和苏佐公主怎么样？”

普鲁斯特先生对这个评论别人的游戏总是乐此不疲。

“苏佐公主呢……恕我直言，普鲁斯特先生，我不觉得她有多么优雅出众的气质，但她有种瓷花瓶式的精致可爱。”

他微微笑了一下。

“塞莱丝特，那保罗·莫朗呢？”

保罗·莫朗是一位作家，得益于在大使馆的工作，他周游了许多国家。我看得出来普鲁斯特先生很欣赏他。我说：

“我感觉他性格有些挑剔，但看起来是个不错的人，先生。”

这个评价让普鲁斯特先生非常高兴。

他回应道：

“是的，塞莱丝特，他像中国古代名士那样敏感又讲究。”

Jean
30 mai 1921
Marcel, vous êtes terrible. A côté de vous toute la littérature est plate, insuffisante.
La mort de la grand'mère chef d'oeuvre
这是一个小丑！
“他珍视这种世俗生活胜过其他的一切，
虽然一些批评家将其视为一种消遣，
却是他生活的核心。”

La Galerie des Bustes

MARCEL PROUST

Tout le monde sait que le livre,
livre du « Cycle Marcel Proust » (n
premier livre de Marcel Proust),
paraitre. Marcel Proust
on le respecte, on
l'écoute, on l'aime. Peu
vous importe, il me
semble, de connaitre
que Marcel Proust por-
tait sa barbe et qu'il ne
la porte plus. L'hon-
neur est rare de
compter parmi ceux
qu'il éblouit entre les
quatre murs revêtus de
liége de sa chambre de
malade. Il vient de
peindre une *miniature
géante*, pleine de mira-
ges, de figures, de jar-
dins superposés, de
jeux entre l'espace et
le temps, de larges tou-
ches fraiches à la Ma-
net. Combray et les
phénomènes confus de
l'enfance, l'aventure ha-
garde, profonde, ré-
trospective, d'une jalousie parisienne, voilà
le thème de cette « ouverture », d'un angle de
la toile. *Du côté de ches Swann* ne ressemble à
rien que je sache et me rappelle tout ce que
j'admire. C'est le cousinage des chefs-d'œuvre.
Un chapeau de Mme Swann d'où, seul, un iris
monte, habite le cœur comme le bonnet rouge,
dans *Copperfield*, que Steerforth agite parmi les
vagues. On se promène, un fil solide aux doigts,
entre les miroirs multipliés de ce prodigieux
labyrinthe à ciel ouvert. On s'y captive, on s'y
exalte, on y rebrousse chemin, on n'en veut
plus sortir.

Excelsior demande un buste ; trouverai-je
dans le fragmentaire d'une telle effigie l'excuse
à mon insuffisance? — Jean Cocteau.

M. Marcel Proust

第十一章

•

他无法忘怀那些最初的爱

这样的话，他说，如果我把它们摔坏了，我就可以没有任何心理负担地扔掉它们。

普鲁斯特先生是一个喜欢规律生活的人：他讨厌任何变化，连战争和搬家都没能改变他丝毫。

他只用上士（Sergent-Major）牌的蘸水笔尖。我给他买了很多很多盒备用。他身边有需要的所有物品：屏风后面，精美的竹制小桌子上摆满了书，左边则是他储备的许多手帕；床头柜的柜门敞开着，在一摞他刚完成的手稿前摆放着所有零碎杂物、一堆蘸水笔杆、一两个墨水瓶、他的手表。他使用的都是一些款式很普通的小怀表。我还记得它们是我之前花了五法郎买回来的。他不想要其他的表。

“这样的话，他说，如果我把它们摔坏了，我就可以没有任何心理负担地扔掉它们。去修一块表，比买一块新的表还贵。”

在当时，曾掀起一股追求简洁轻便造型的风潮。有一天，普鲁斯特先生决定剃掉他的胡子。这也是他唯一一次对时尚潮流作出妥协。但他对时尚和新生事物都饶有兴致，它们是他外出时，需要观察的这世界舞台之上演出的一部分。

我自己很少出门，以至于普鲁斯特先生把他的朋友保罗·莫朗讲的一段玩笑话说给我听：“马塞尔让塞莱丝特出去叫一辆车，但塞莱丝特总是不见天日，一出门就被太阳刺盲了眼睛，走丢了！”

时尚对我来说并不重要。为了参加一个侄女的婚礼，我才专门去订做了一条漂亮的裙子。那是例外的情况。

“天啊，您多么美丽呀，塞莱丝特！请您转个圈好吗？塞莱丝特，您的样子很像格蕾夫人（Lady Grey），一位出名的英国美人。我为您感到自豪，亲爱的塞莱丝特。您很有品味。”

普鲁斯特先生为我写了一首诗，诗的内容也是关于我的。他一边读那首诗，一边开心地像孩子那样笑着。有时候，他身上洋溢的青春气息会像泉水那样涌出。这首诗是最让我感动的。他把它也写进了书里。诗中提到的内格尔（Nègre）是一位主教，他和我是同乡。

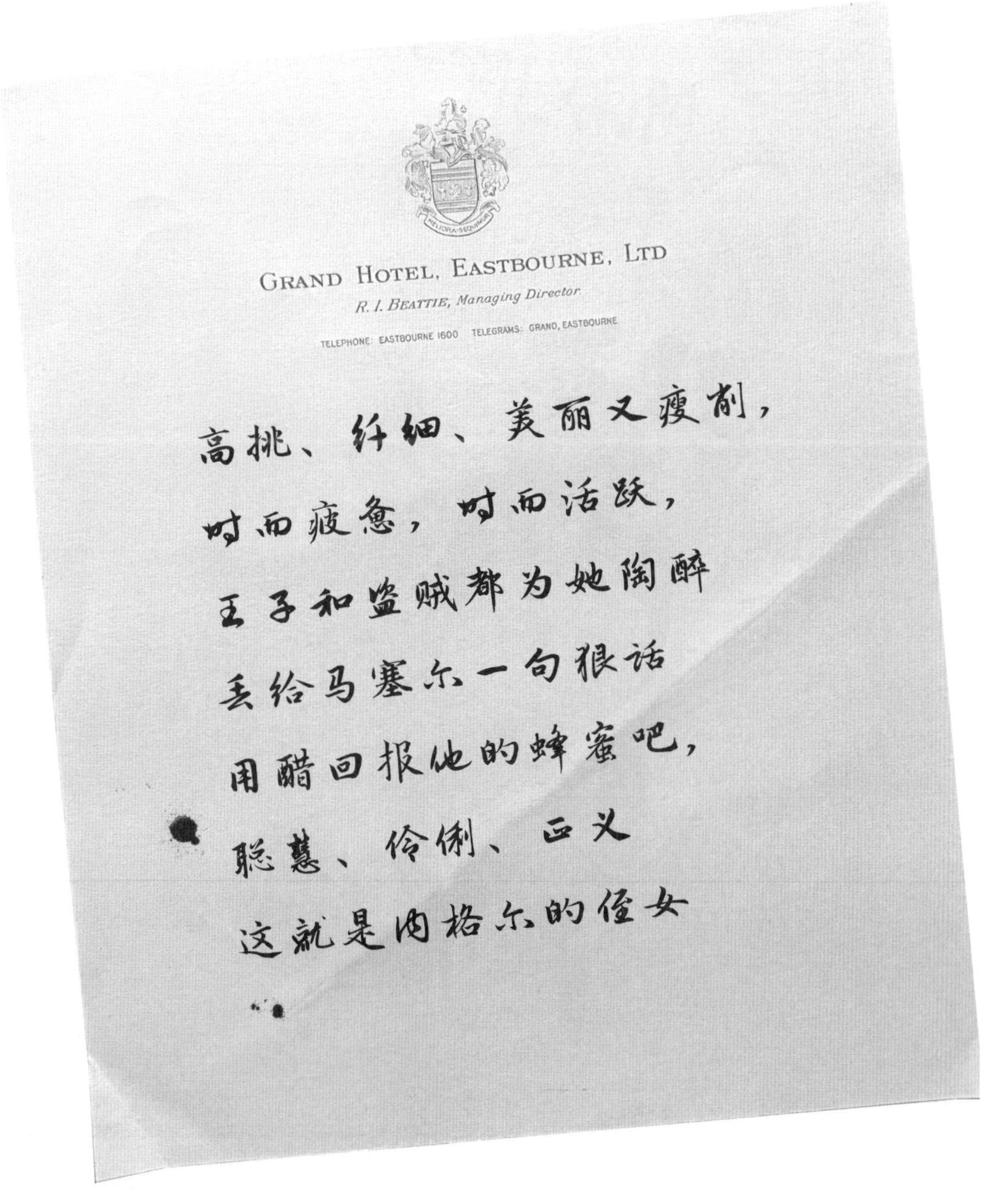

GRAND HOTEL, EASTBOURNE, LTD

R. I. BEATTIE, Managing Director

TELEPHONE: EASTBOURNE 1600 TELEGRAMS: GRAND, EASTBOURNE

高挑、纤细、美丽又瘦削，
时而疲惫，时而活跃，
王子和盗贼都为她陶醉
丢给马塞尔一句狠话
用醋回报他的蜂蜜吧，
聪慧、伶俐、正义
这就是内格尔的侄女

93
MAXIM'S
3, RUE ROYALE
TÉLÉPHONE
244-92

普鲁斯特先生和我的关系变得越来越轻松。他越来越喜欢在小客厅里和我聊天。我们的谈话会很自然地持续几个小时。他会先和我讲他夜里的见闻。然后就会开始回忆过去。有天晚上，他从马克西姆餐厅回来后，就跟我讲起了年轻时候的事情。

“塞莱丝特，我很年轻就开始参与上流社会的社交活动，这让我的父亲很不满。我有一种强烈的想要认识别人的欲望。我去了各式各样的晚餐、宴会……啊，塞莱丝特，那是我的‘胸前别一朵山茶花’时期。我选山茶花，是因为它是一种没有香味的花，否则我受不了的。塞莱丝特，那时的我像个年少的天使，很讨女士们的喜欢。而且我对每个人都有些爱慕。处处留情。”

那个他曾经熟悉的世界，连带着它的社交和生活方式都一点点裂开了，在另一个新近重构的世界里大片地剥落下来。而我听着。八年，一天接着一天，一天都没有少，远比一千零一夜漫长。

普鲁斯特先生继续讲啊，讲啊……

“有过一位玛丽·德·贝纳达基（Marie de Benardaky），但那是太久以前的事了。我在十四五岁时会和她在爱丽舍场[1]一起玩耍。她戴着一顶皮毛制的无边软帽，让她看起来如画中人一般。我对她十分痴迷。还有斯特劳斯夫人，她是乔治·比才（Georges Bizet）再婚的遗孀，啊，塞莱丝特，她实在太美丽了！还有勒梅尔夫人（Mme Lemaire），在美好年代（la Belle Époque）[2]，她的沙龙令人们争相前往。我也记得玛丽·费纳利（Marie Finaly）。她是我高中同学欧

一百年之后，谁还会记得这些女子呢？

但盖尔芒特公爵夫人和其他的很多人物，他们会永远活在书中。

1 译注：此处依陈太乙译本。Champs-Elysées一般音译为“香榭丽舍”，但原指希腊神话中圣人及英雄灵魂在地狱中居住的至福乐土。此地位于爱丽舍宫前方，是一片绿地空场，因此改译为“爱丽舍场”。

2 译注：特指欧洲19世纪末至“一战”爆发之间的这段时期，是一段社会各领域快速发展，人们的生活较为幸福稳定的时光。

拉斯（Horace）的妹妹，是家境优渥的银行家子弟。她非常聪明，也非常漂亮，眼睛是海洋般的绿色。那时我 20 岁，正在攻读法律专业，每到夏天，我们一小伙人就会聚集在卡堡。”

他在记忆中翻找寻觅着那些懵懂的情愫，目光也定住了。我等待着他从记忆之旅中回来。事实上，我觉得他从未真正爱上过任何人。他总是太深地潜入人心，包括他自己的。他可以看到一个人所有的样子，不让任何一面藏匿于未知。而且他记性太好，他接触过的每个人都会体现在书中人物上。他就是这样塑造人物的，从这个人身上取一点，再从那个人身上拿一些，然后用想象力填补剩下的部分。就算人们从他书中的人物身上辨认出了自己，他也从未真正在意过。他的人物描写并不温和。他展现出了人性的活力，有各式的美，也有荒唐可笑。他的评判尖锐而苛刻。他要追求的首先就是真实。

玛丽·费纳利
玛丽·德·贝纳达基

勒梅尔夫人

他给我讲了那些他称为“冲动”的往事。

“塞莱丝特，很久以前，我迷恋上一位住在布洛涅森林（bois de Boulogne）、周旋于上流社会的风尘女子。一次次尝试之后，我终于得到一次约会的机会。我对那次见面如此期待，希望自己能以最优雅迷人的样子出现。我请求妈妈帮我买一条新领带和一双她能找到的最好看的亮黄油色手套。妈妈回来时带了一条漂亮的领带，但她只找到了灰色的手套！灰色的，塞莱丝特！我在那一天闹了这辈子最大的一次脾气。我拿起家具上一只她非常钟爱的、很美丽的古董花瓶，把它扔到地上摔碎了。塞莱丝特，我那时真是太鲁莽了！妈妈只是用世界上最平静的声音说：‘好吧，那就当这是在犹太婚礼上吧。你摔碎酒杯，我们的感情就会更深。’我逃回自己的房间，想到我的行为给母亲造成的巨大伤害，哭了好几个小时。整件事最好笑的部分是，塞莱丝特，我前去赴约时，法院的执达员和他的团队已经把她屋子里的家具都搬空了！干得漂亮！”

"先生，您认识这么多美丽的女士……而您又这么亲切、深情、温柔，您一定非常受欢迎。不可能有人不喜欢您。"

"也许是我要求太高了……或者是被惯坏了。再加上我对悲伤和孤独的病态偏好……"

"您怎么会没有结婚呢，先生？"

"由您来对我说我应该结婚实在是怪怪的，您其实是最懂我，也最了解我的人啊。塞莱丝特，我不是一个适合婚姻的男人。我需要清静，塞莱丝特。我和我的作品结了婚。我只在乎这些纸稿。而且，我需要一个能理解我的女人。而我在这个世界上只认识一位这样的女人，看来我只能娶您为妻了。"

"哎呀先生，这是个多么奇怪的想法呀！"

"是啊，但您更擅长在我身边代替我的妈妈。"

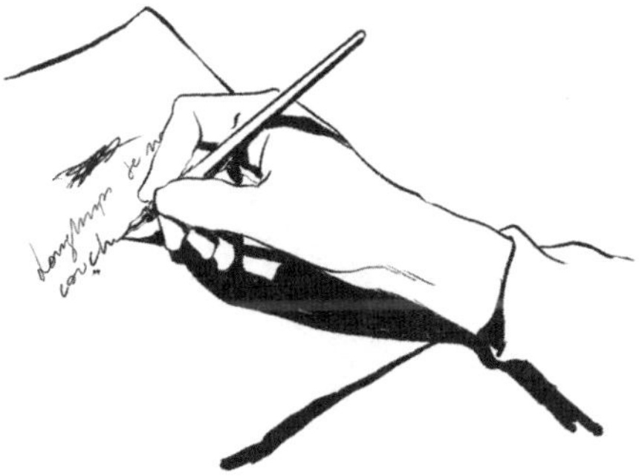

第十二章

•

塞莱丝特，我写得很顺利

我在他身边的时期是他一生中最多产的时期。我刚到普鲁斯特先生家时，《斯万家那边》刚刚出版，他继续创作《追忆逝水年华》的第二卷《少女花影下》。他摆放物品的一个要点是，在手稿慢慢变多变厚的过程中，一定要把它们放在伸手就可以拿到的地方，就像把所有劳作工具抓在手里。

很快地，我就能够辨别普鲁斯特工作需要的五种笔记了：一段时间之前写好的旧笔记本、正在创作中的新笔记本、备忘录笔记本、小笔记本，还有被人们称作“纸卷（paperoles）”的笔记。

他自己从没这么叫过，但这个词在他的书中出现过。那些“随记纸条”是一些随时捕捉下来的灵感，被记录在零散的纸页上面，像是印刷工人们所说的“贴衬”，把一些增添的内容粘贴在没有地方可写的笔记本上。

工作总是从旧笔记开始的，它们构成了普鲁斯特先生作品中“追忆”的核心部分。它们包含了他最初的书稿内容，一些很长的段落甚至完整的章节，是他在之前的时光中慢慢写下的。它们整齐堆放在他房间大衣柜的一个角落。他说那是他的“黑色笔记本”，因为这些本子的封皮都是黑色仿皮漆布制的。它们和大尺寸的学生作业本差不多，一共有32本，用白色粗体数字标注着编号，看起来像是用手指蘸着颜料或某种白墨水涂抹上去的。

“黑色笔记本”已经彻底不复存在，因为当他的写作到了某个阶段时，他就会让我把这些笔记本销毁。现在还保留着的是备忘录笔记本和我所说的“新笔记本”，也就是作品的手稿。它们被装上了硬纸封面，还包了一层布料加固。我会在需要的时候去奥斯曼大道上的一家文具店购买这些材料。

我尽自己的绵薄之力为普鲁斯特先生提供一些实际的帮助。我很自豪的事情之一就是帮他解决了如何在手稿上补充一些内容的问题。有时候他可以一气呵成地写完一本书，但通常来说他会反复修改，根据当下的想法，改改这本，再改改那本。

有一天他说：

“塞莱丝特，我真是烦透了！我纸上所有空白的地方都写满了，但我还有些地方要修改，还有很多内容想添加。我不知道该如何是好。我可以加几张纸，但打字员一定会不知所措的。怎么办呢？”

“先生，如果只是这个问题，并不难解决啊。您不妨就把想写的内容写在单独的纸页上，等您写好之后，我会把它们粘贴在正确的位置上。”

他听后喜出望外。

“我得救了！”

写了手稿的笔记本就这样变得越来越厚。其中有一本很有名，经常在一些展览中被展出，笔记本里就有一张这种被反复折叠的长卷。展开之后竟然长达一米四！这个添加手稿内容的故事也被他写进了书里。

随记纸条与纸卷

修补匠

奥迪隆也给普鲁斯特先生帮了些忙。我记得他想在书中展现街头的叫卖声，就去询问我的丈夫。

“告诉我，阿尔巴雷，您总是在外面跑来跑去，一定熟悉市井的声音，那些在街头流动的小贩们的叫卖声，您愿意帮我去了解他们的叫卖词吗？”

当奥迪隆带着那些商贩的叫卖词回来时，真该让所有人看看普鲁斯特先生那笑容满面、殷勤迎接的样子！我丈夫收集的这些叫卖几乎都被写进了《女囚》这一卷中。

“鲜嫩，清脆，又软又美的洋蓟啊洋蓟。”

“啊滨螺，两苏[1]的滨螺。”

“蜗牛，新鲜、漂亮的蜗牛！六苏买一打。”

“莴苣，莴苣！不卖不卖，就是摆摆。”

“瞧瞧这鲭鱼，太太们，多漂亮的鲭鱼。”

“铛铛铛！能修能补的修补匠，碎石马路也能补……”

1　译注：苏（sou）是法国曾使用的货币单位，1法郎等于20苏。

如果有人伤害了她，她只是不屑一顾，如此而已。

在我开始为普鲁斯特先生服务的时候，根本不知道一本书是怎么完成的。别忘了，我在乡下长大。之后，在普鲁斯特的讲述下我才明白，刚开始时，并不是那么顺利的，无论是出版，还是评论。普鲁斯特先生告诉我出版人加斯东·伽利玛（Gaston Gallimard）旗下的《新法兰西评论》（*La Nouvelle Revue Française*）曾拒绝出版《斯万家那边》，因为安德烈·纪德认为普鲁斯特先生不过是个上流社会的纨绔子弟。普鲁斯特先生经常会跟我说起一个小故事：纪德甚至没有读那卷手稿，因为手稿的包装都没拆开过。它被原封不动地寄还给普鲁斯特先生。可以看出来，捆绑包裹的细绳没有被解开过，因为是尼古拉负责准备包裹的，他做事非常细致且深谙打绳结的艺术。

普鲁斯特先生动用了自己在出版界的人际关系，一位年轻的出版人贝尔纳·格拉塞（Bernard Grasset）出版了这本书。但他必须支付出版社一笔费用。这本书在出版后引发了很大的反响，之后，伽利玛出版社表达了他们的悔意，这些先生在经历了一系列复杂的书信沟通和烦琐的手续后，接手了普鲁斯特先生后续的出版。这是普鲁斯特先生一生中最高兴的时候。至于财务方面的收益嘛……对他来说最重要的就是他的书得以出版。他确信自己配得上这样的荣耀。

“您等着瞧吧，塞莱丝特，司汤达花了100年才成名，马塞尔·普鲁斯特用不到50年。”

“您知道吗，塞莱丝特，我希望我的作品是文学世界的一座大教堂。这就是为什么它永远不会完成。就算建造完成了，也永远可以进行这样或那样的修饰，一扇玻璃窗，一根柱子，一间角落里立着一座小雕像的礼拜堂。你会看到的，塞莱丝特，在我死后，人们会读我写的书，整个世界都会读我写的书。”

他说得对。我们坐在那儿粘起一张张纸片，一片又一片，那时我已经在所有人之前见识了他的书。

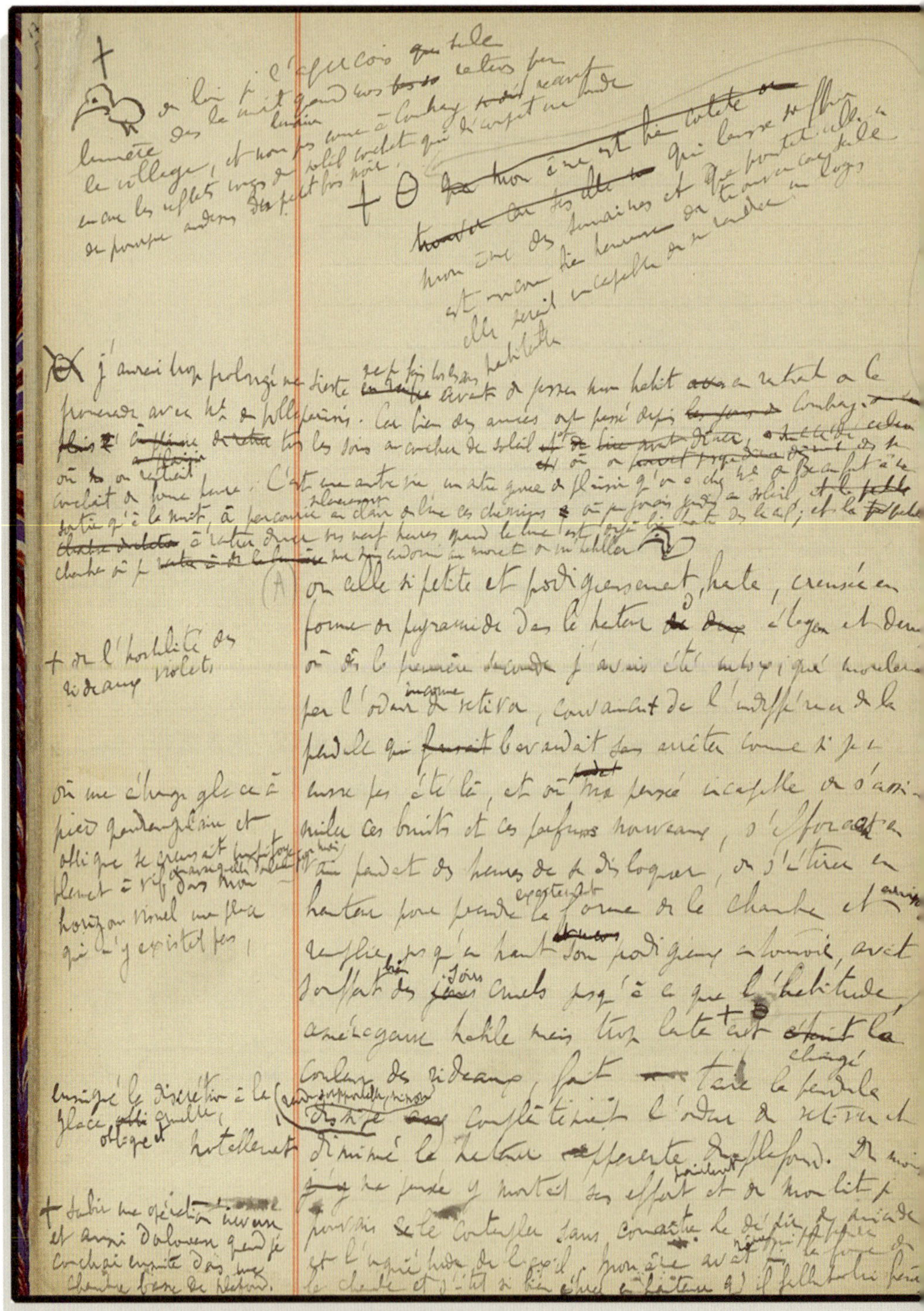

où celle si petite et prodigieusement haute, creusée en forme de pyramide dans la hauteur d'[illegible] étages et demi où dès la première seconde j'avais été intoxiqué moralement par l'odeur inconnue de vétiver, convaincu de l'indifférence de la pendule qui bavardait sans arrêter comme si je n'eusse pas été là, et où ma pensée incapable de s'assimiler ces bruits et ces parfums nouveaux, s'efforçant [illegible] pendant des heures de se disloquer, de s'étirer en hauteur pour prendre exactement la forme de la chambre et [illegible] jusqu'en haut son prodigieux entonnoir, avait souffert bien des jours cruels jusqu'à ce que l'habitude [illegible] [illegible] la couleur des rideaux, fait taire la pendule [illegible] complètement l'odeur de vétiver et diminué la hauteur apparente du plafond. [illegible]

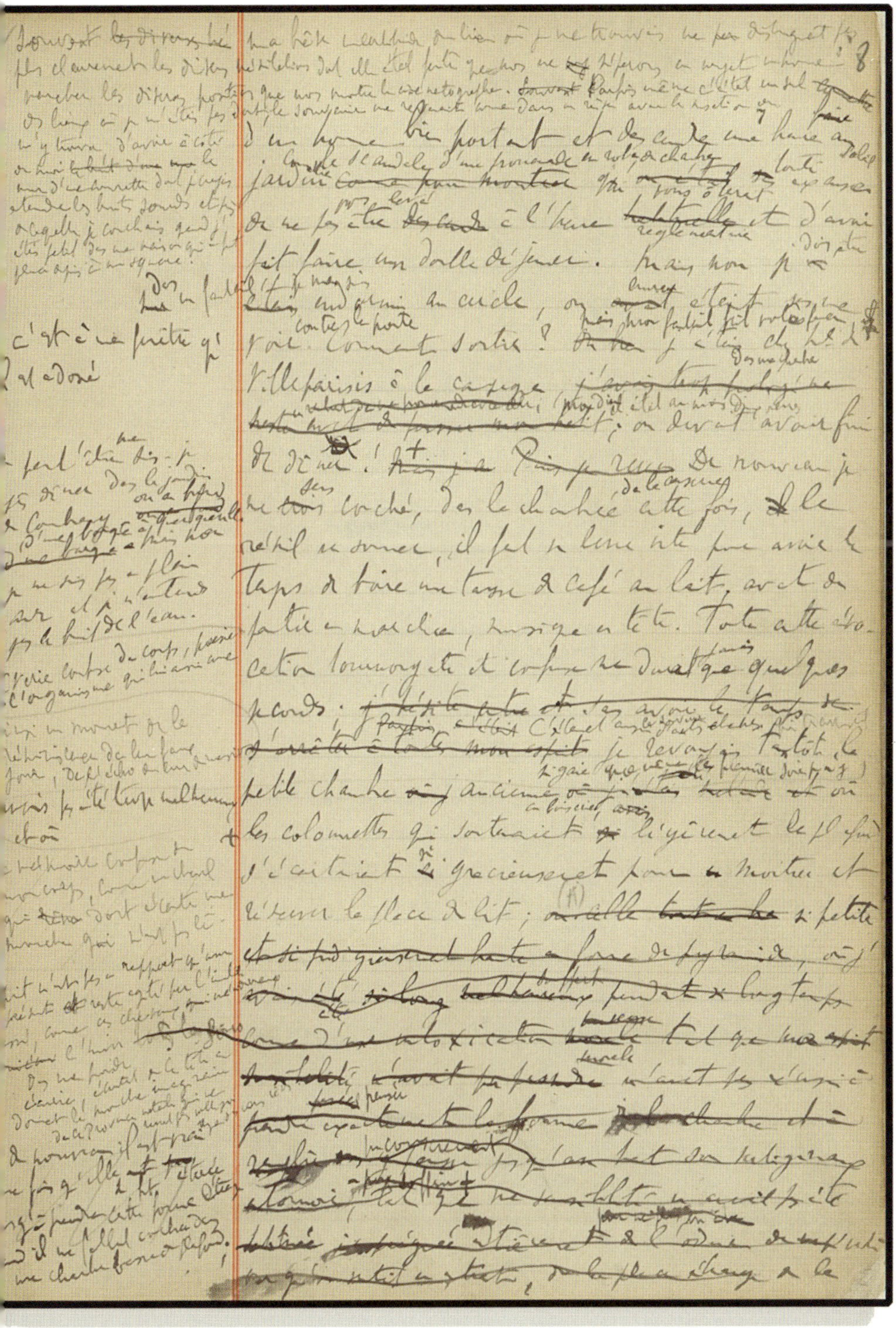

《斯万家那边》的手稿

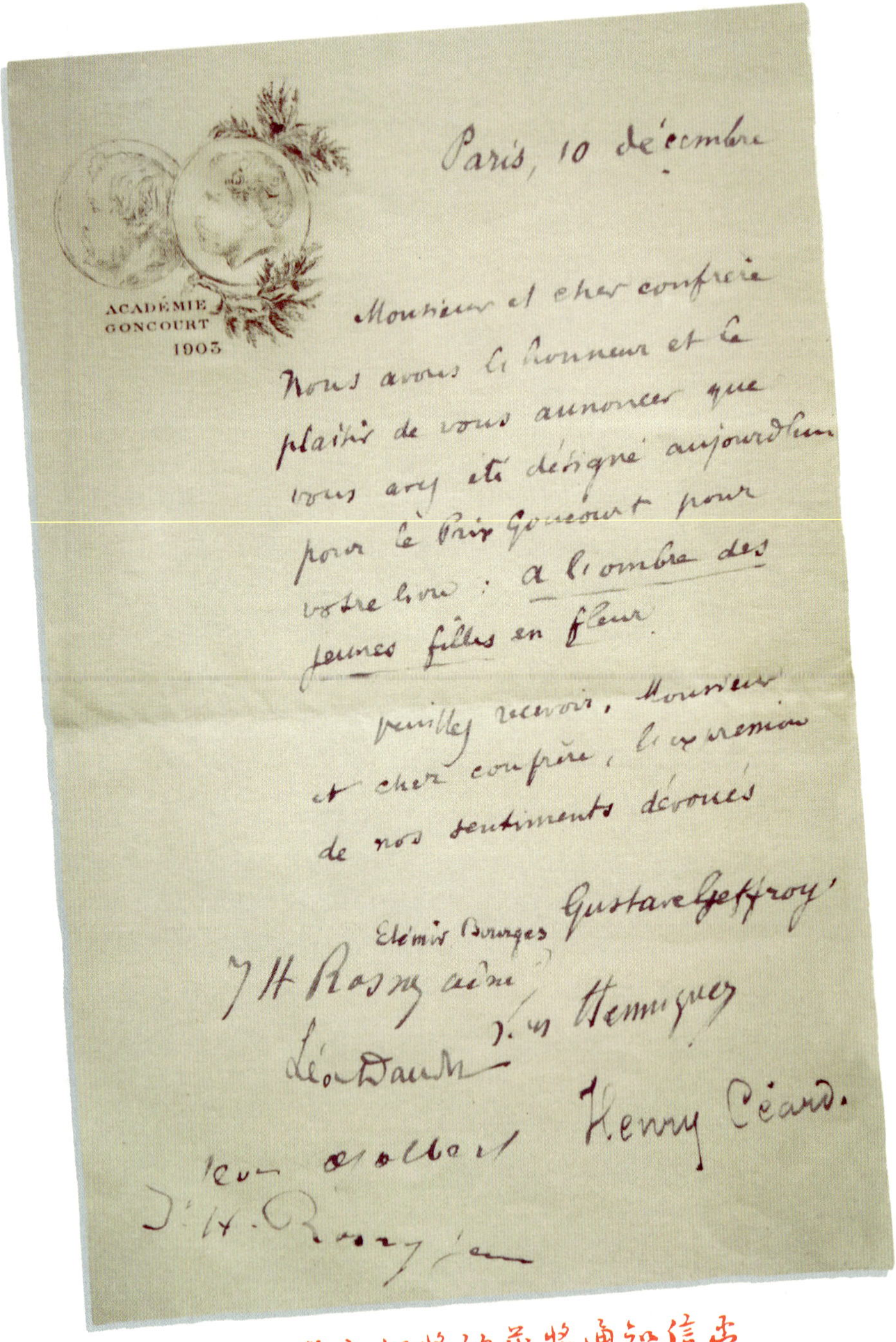
ACADÉMIE GONCOURT 1903

Paris, 10 décembre

Monsieur et cher confrère

Nous avons le honneur et le plaisir de vous annoncer que vous avez été désigné aujourd'hui pour le Prix Goncourt pour votre livre : A l'ombre des jeunes filles en fleur.

Veuillez recevoir, Monsieur et cher confrère, l'expression de nos sentiments dévoués

Gustave Geffroy

Elémir Bourges

J H Rosny aîné

L. Hennique

Léon Daudet

Henry Céard

Jean Ajalbert

J.-H. Rosny jeune

龚古尔奖的获奖通知信函

我还记得普鲁斯特先生凭借《少女花影下》在1919年获得龚古尔奖时的情景。那是12月11日的晚上，门铃响了起来。在楼梯间里，一位男士跟我说他是加斯东·伽利玛，另外两位和他同行的访客是雅克·里维埃（Jacques Rivière）和古斯塔夫·特隆什（Gustave Tronche）。伽利玛说道：

“您想必已经知道普鲁斯特先生获得了龚古尔奖吧？”

但我们怎么可能知道呢？我们是与世隔绝的。当我把这个重大消息告诉普鲁斯特先生时，他仍旧静静地躺在床上，他看了看我，然后只是发出了一声：“啊？”仿佛这对他来说是世界上最无关紧要的事似的，但我知道他内心深处有多么喜悦。

事实上，他因为这份荣誉和人们的祝贺而感到非常自豪。

这些天来，我对您的书爱不释手……
MARCEL PROUST
A LA RECHERCHE DU TEMPS PERDU
nrf

安德烈·纪德

我满脑子都是这本书！
我已经沉浸在这本书中！

我也参与到他的工作中，和伽利玛出版社的联系都由我来负责。应该说我在时刻跟进书的进度：只要看到普鲁斯特先生突然兴起想要约见这个人或那个人，我就能知道他的写作进展到哪个章节了。同样，根据他取消了和谁的会面、他的外出情况以及他的信件，我就可以说："噢，应该写了这么多了。"所以《新法兰西评论》的秘书勒玛利耶女士（Mme Lemarié）总是会来找我。老天啊，数不清有多少次，她上门请求我帮她传达一个口信！他从不直接见她。我到现在还能听见勒玛利耶女士的声音，要这样做，要那样做，标点符号，校样……在这之后，还有一些技术层面的讨论，关于书籍的印刷，当然，我会把来访的信息都如实转达给普鲁斯特先生。

加斯东·伽利玛

第十三章

•

最后的润色

他一边对我说话，一边用手指了指自己的眼睛和额头："所有的东西都记在这里，塞莱丝特。如果没有记忆……"

普鲁斯特先生休息的时候，就会思考自己的作品还缺少什么和怎么获得缺少的东西。想好之后，就一刻也不能耽搁。必须立刻打电话给丽兹酒店，预定一个单独的包间，等他确认好了要邀请的客人，就要立即把邀请函送给他们。令人惊讶的是，被邀请的客人大多会在前一晚更改日程腾出时间，而不会因为已有计划而拒绝邀请。我记忆犹新，普鲁斯特先生正准备出门前往会面，身着大衣，面带笑容，眼睛在帽沿的影子中，因为抱着即将度过“一个愉快夜晚”的希望而兴致勃勃。之后，他会满意地归来，或相反，一身疲惫并为被浪费掉的时间恼火不已。我觉得他出门都仅仅是为了完成写作。当他像这样外出时，他绝不是漫无目的，而是带着一个明确的目标，化身细节的猎手或是追寻书中人物的朝圣者。

有时，他缺少其中某位人物“原型”身上的一些信息。有一天，普鲁斯特先生让我紧急捎一个讯息给路易莎·德·莫南（Louisa de Mornand），是当天晚餐的邀约，更准确地说，是在当天晚上发出的晚餐邀约。当我告诉她是普鲁斯特先生让我邀请她时，她惊呼起来：“噢！马塞尔！马塞尔！我很高兴，快把邀请函给我！”她喜出望外，丢下一切就赶去普鲁斯特先生家中。据我所知，在那之后他就再也没有和她见面了。

在最后两年，普鲁斯特先生只在重要场合才会与这些人物所属的社交群体有所交集：盛大的晚宴和舞会，还有歌剧院的豪华晚会。他会去那里探测并完成他的信息收集工作。有一次，普鲁斯特先生因为记不清楚舍维涅伯爵夫人（la comtesse de Chevigné）很久以前戴过的一顶帽子的细节而焦躁难安。他说，那是一顶饰有矢车菊和虞美人的帽子，最重要的是，那顶无与伦比的女式无边软帽上还装点着帕尔马紫罗兰。普鲁斯特先生希望她还保存着这顶帽子……他去拜访她，但失望而归。

“舍维涅伯爵夫人曾是个高傲而美丽的女人。如今我只看到一位头发灰白的老人，声音沙哑，嘴唇扁突，坐在她孙女身旁的长椅上织着什么。她对我说：

“‘那顶帽子？噢，马塞尔，已经过了这么久，您怎么会以为我还能找到那顶帽子呢？’”

舍维涅伯爵夫人

我记得，有一位女士的宅邸就在我们住所对面。我注意到对面房子的餐厅里在举行隆重的宴会并告诉了普鲁斯特先生。他来看了说道：“那是斯坦迪什夫人（Mme Standish），威尔士亲王（le prince de Galles）的朋友！”他让我留意他们如何布置餐桌、如何服侍晚餐，房子的女主人怎样穿着打扮。有两三次，他也来窗前瞥了瞥那场景。我顺着他的目光看出吸引他的地方是用餐服务和餐桌布置的井然有序，烛台和餐盘，与宾客间的交流，还有气度老派的女主人。只需那么一瞬间，这些就都被他记录下来。

普鲁斯特先生的观察能力真是一绝！他对我说：

“塞莱丝特，生活的真相就在观察和记忆之中。否则它只是流逝。我把我所有的观察和记忆都给了我故事中的人物，为了让他们栩栩如生。要想栩栩如生，他们就必须是完整的。因此我要借助生活中对这么多人的关注和回忆，来为每个人物配上相应的衣着和发型。”

某一天，普鲁斯特先生对我说：

“塞莱丝特，我想最后奢侈一回。我想再听一次凯撒·弗兰克（César Franck）的四重奏。我在19世纪90年代听过一次……塞莱丝特，我想我必须要下定决心请普雷先生带着整个乐团来家里演奏。这需要一大笔花销，塞莱丝特，但是

普雷的四重奏乐团

我不管了。太麻烦，太费力了！但是必须这样做。我需要它。”

他没有说出来的是：这是为了我的书。其实根本无须多言。这是为了书中人物，作曲家凡特伊（Vinteuil）。乐手们要在凌晨1点到家里来，奥迪隆开计程车去接他们。之后，我关上所有的门待在门口等候召唤，以防普鲁斯特先生有什么事要吩咐。

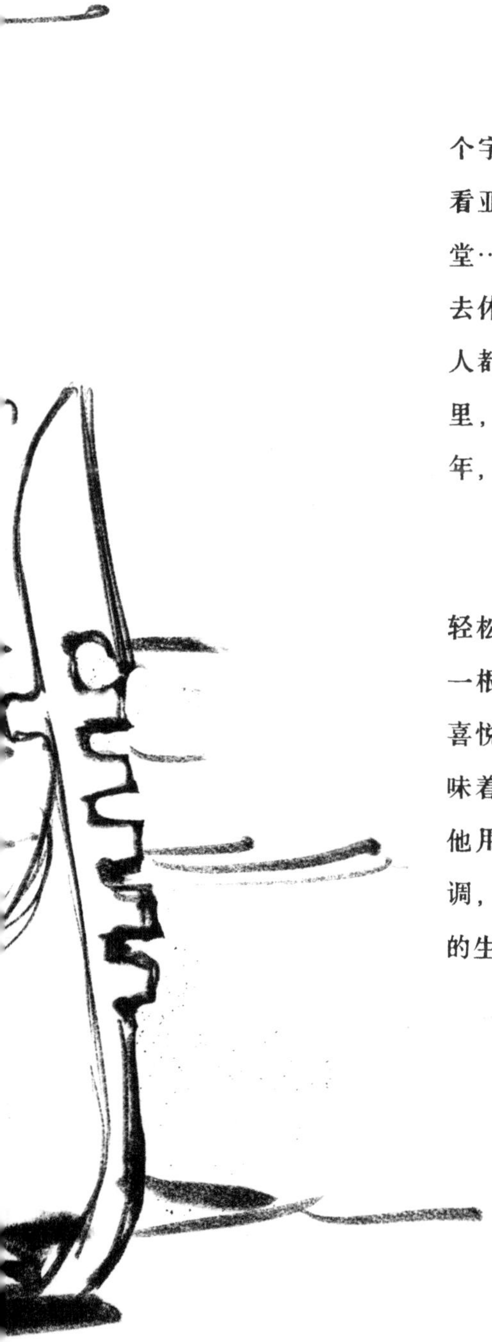

"塞莱丝特啊，我在书的结尾写下"完"这个字之后，就启程去旅行。我想和您一起再去看看亚眠大教堂里的哭泣天使，还有沙特尔主教座堂……我们要去法国南部……去威尼斯……我们去休息休息，是的，给自己放一个假。我们两个人都需要，您也很辛苦。亲爱的塞莱丝特，在这里，永远在黑夜中，和一个病人一起度过这么多年，一定很难过吧？"

"并没有，先生，您瞎想些什么。"

我一点都不介意晨昏颠倒的生活。我在一种轻松的氛围中工作，就像鸟儿从一根树枝飞到另一根树枝。他回到家中时，就像晨曦降临般带来喜悦。他在我之前就知晓了这样的生活对于我意味着什么。这很难说清楚。是他的魅力、笑容和他用纤细的手托着脸颊说话的方式。他给生活定调，让它变成了一首歌。当他的生命终结时，我的生命也就终结了。但歌会留下。

第十四章

·

塞莱丝特，我写下了“完”

他能感觉到自己快要写完了。我记得他让我把黑色笔记本烧掉时的样子。后来我和安德烈·莫洛亚（André Maurois）聊起这件事，他反复说：“太可惜了！太可惜了！”

“塞莱丝特，我的那些笔记本，您都好好烧掉了吗？”

“哎呀先生，如果您不信任我，为什么还把这个工作交给我呢？您告诉我要这样做的时候，我就去做了。如果您那么不放心的话，为什么不自己烧掉它们呢？”

“好了，塞莱丝特，别生气，我是开玩笑的。我知道您会烧掉它们的。”

“无所不知的先生，您相信人们在死后还会相见吗？”

“我不知道，塞莱丝特。塞莱丝特，麻烦您把我那小串念珠拿来好吗？您看，这个十字架上刻着耶路撒冷（Jérusalem）。我多么想去那里啊！不过我还有这串我很喜欢的念珠。您知道吗，塞莱丝特，在我死去的那天，我希望是您帮我合上双眼。对，是的，是您这双美丽的手来帮我合上眼睛……在这之后，也请您把这串念珠缠绕在我的指间。答应我，塞莱丝特。”

他身上自带着精致与优雅。他只有在确认自己掌握了所有细节时，才肯满意。

他越来越少在家中待客，也几乎不再出门。1921年那一整年里，他为数不多的外出中的一次，是在那年春天去国立网球场现代美术馆（Jeu de Paume）看荷兰画家的展览。他主要是去看他钟爱的维米尔（Vermeer）的画作。他很想看到《代尔夫特的风景》（*La Vue de Delft*）——老天知道他有多少次讲起这幅画。在这幅画中有一小块黄色的墙面，因为他在书中提到而被众人注意到。那天他在傍晚筋疲力尽地回到家。在看展的时候，他就有些头晕。但为了跟我分享他在维米尔画作前的雀跃心情，疲倦并没有妨碍他在那天和我聊到很晚。我看到的、听到的是一个洋溢着青春气息的男人。

“啊，塞莱丝特，您无法想象那样的精致，那样的优雅！精微到最细最细的一粒沙的程度！一点点粉色在这里，一点点绿色在那里。一定都是经过精心设计的！我也要继续修改，再修改，加入细小的沙粒……”

到了1922年，最后的一年，我只记得他的几次外出。有一天晚上，他本来准备外出但处于极度的疲惫中。他披着皮大衣走进客厅，跌坐在安乐椅上。我在他的脸上从没见过那么悲伤的神情。我和我的姐姐玛丽，还有奥迪隆三个人面面相觑，不知该如何是好。

“先生，也难怪您会这么疲惫，因为您什么都没有吃。我去给您弄一小只嫩鸡来，让塞莱丝特给您煮来吃，您说怎么样？”

“是这样的奥迪隆，去买只鸡，您说得对。但是你们把它吃掉吧，我希望你们好好照顾自己……我如此爱你们……你们就是我的孩子，塞莱丝特、玛丽和您……奥迪隆，我想去一个晚宴观察人们是怎么老去的，但我想我还是不出门了吧。”

在生命的最后几个星期，他像是步入了一条长长的隧道，漫长的黑暗中，只有一小盏灯带来微弱的光亮。

你们是我的孩子。

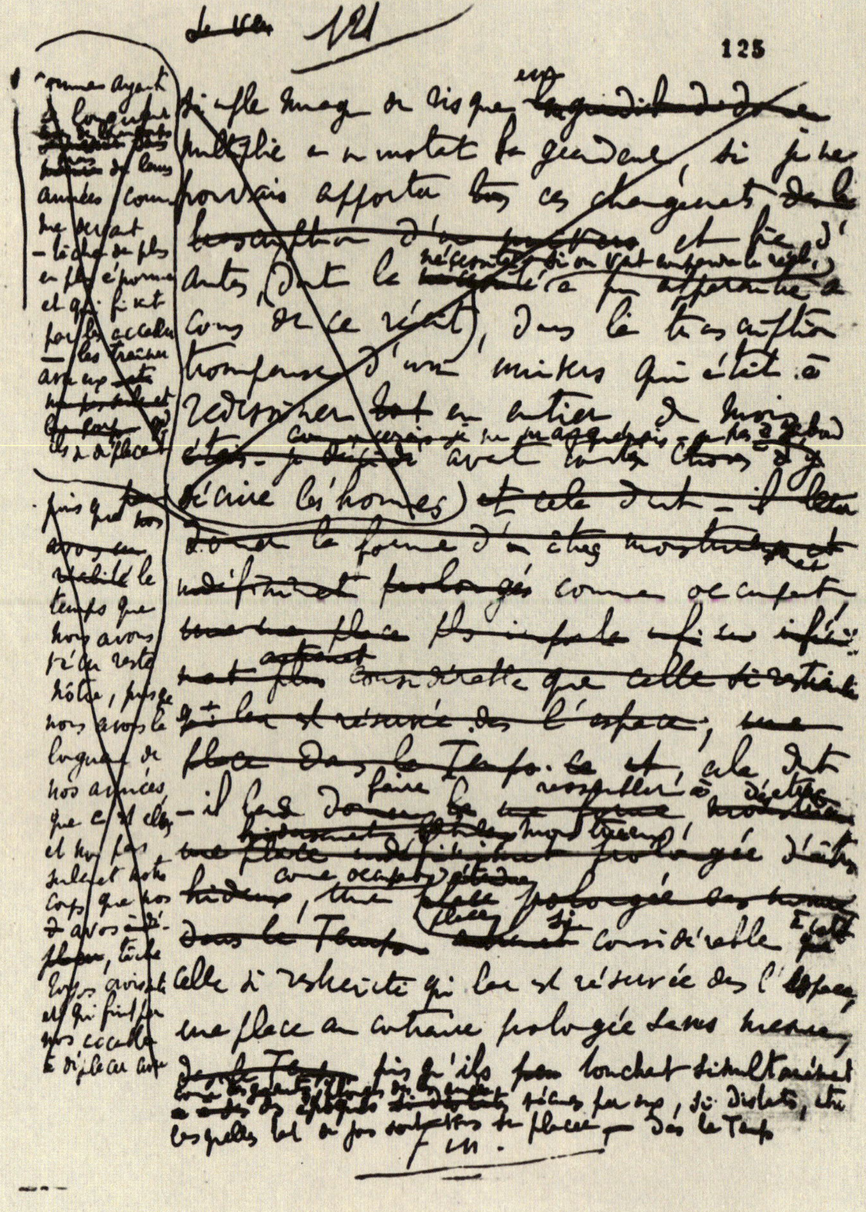

最后一页

刚开始只是个小小的流感，再加上1922年秋天，他从波蒙伯爵夫妇家的晚宴回来的时候受了寒。必须要提到的是他每天都会在床上一动不动地工作几个小时，没有其他供暖，只能靠毛衣和热水袋来为他虚弱的身体御寒。

普鲁斯特先生叫来了比兹医生。

“阁下，作为医生，我可以确定地告诉您，这个流感没什么大碍。如果您愿意按照我跟您说的样子接受治疗，只需要八天时间，您才51岁，很快就可以康复。还有，我知道您受不了中央供暖，因为空气会变得很干燥，但这里简直像个冰窖，您必须想办法在这里保暖。”

“亲爱的医生，我必须，也想要继续修改我的初印稿。伽利玛出版社在等着它们呢。必须如此，必须如此。我还没有完成我的书，而死亡已经追在我身后，步步紧逼。我们每个人都要在自己身上承接死亡，我们能感觉到它就在那里。然而，我必须继续工作。如果我不能抵达终点，我全部的人生和所有的牺牲就都化作了泡影！”

有一天有些不寻常。具体是哪一天？这个嘛……普鲁斯特先生是对的，我如果有记日记就好了。那一天我立即察觉到他醒来之后没有做熏蒸治疗。通常情况下，在他叫我过去时，我提前就可以猜到他需要什么。但这次不同。

“早，塞莱丝特。您知道吗，昨天夜里发生了一件大事……”

“出了什么事，先生？”

“您猜。”

他总喜欢捉弄我，那样子看起来很高兴，也年轻了不少。

“先生，我完全猜不到会是什么事。”

“完”的字样

“这是一个重大的消息。我亲爱的塞莱丝特，昨天夜里我写下了‘完（fin）’这个字。我的作品可以出版了！现在，我可以死去了。”

“噢，先生，别说这样的话。以我对您的了解，恐怕我们还要再贴上很多纸条，修改很多地方吧。”

罗伯特·普鲁斯特

比兹医生来了好几次。但普鲁斯特先生拒绝治疗。于是普鲁斯特先生的弟弟——罗伯特·普鲁斯特医生来了。

“我亲爱的小马塞尔，你必须接受治疗。”

“怎么？你想强迫我做些什么？”

“我想把你弄出这个冰冷的房间。离这里很近的地方就有一家很棒的诊所，温暖、整洁，还有优秀的医生。会有一位护士给你提供必要的治疗。一眨眼，你的病就好了。”

“我不需要你的护士。只有塞莱丝特理解我。我只要塞莱丝特。”

“但我们会让塞莱丝特陪着你，我的哥哥。她不会离开你的。”

“走开，我不想再见到你。要是想强迫我做什么事情，我就禁止你再来这里。”

我把玻璃（verre）误听成铁（fer）。

他已经到了心力交瘁的程度，尽量不再说话。我在那里，从他的手势或眼神中猜测他想要什么。他也会用小纸条和我交流。我习以为常，他甚至都不需要把字条交给我，在他写的时候我就已经读完了。我太熟悉他的笔迹了，尽管它们并不总是那么容易读懂，我在他书写时，就可以直接读懂反着的字。

这些小字条几乎都被我扔掉了，这些年的字条放在一起应该会有一本书那么厚了！有时，如果事情没有按照他想要的速度完成，他就会表现出不耐烦的样子。例如他会在纸条的最后写上：

“……否则，我会非常生气”。但是，在写下“生气”这个词的时候，他又会抬起眼睛微笑着看我一眼。

在那个时候，我或许是唯一一个妄想着他还会好起来的人。并不是因为我不愿接受他的死亡，而是很单纯地从没想过这件事。我看着他日渐憔悴，拒绝所有的治疗和食物，感到无比焦心。但我还是相信他会好转。但他其实只能再活几天时间了。

在11月17日到18日那天的夜里，他在午夜时召唤我，希望我陪在他身旁，像他对他的弟弟说的那样。

“我亲爱的塞莱丝特，您坐在那张扶手椅上吧，我们要一起好好工作了。”

他接着说：

“如果我能度过今晚，我就向医生们证明了我比他们更厉害。但是一定要撑过去才行。您相信我可以吗？”

他口述，我记录，一直到大约凌晨两点。直到他对我说：

“我太累了。我们就到此为止吧，塞莱丝特。但是请您不要离开。您不会忘记把这些纸粘贴到对应的位置上的，对吧，塞莱丝特？千万不要忘记，这很重要。”

“您放心吧，先生。现在您该休息了先生。您需要喝点热的东西吗？”

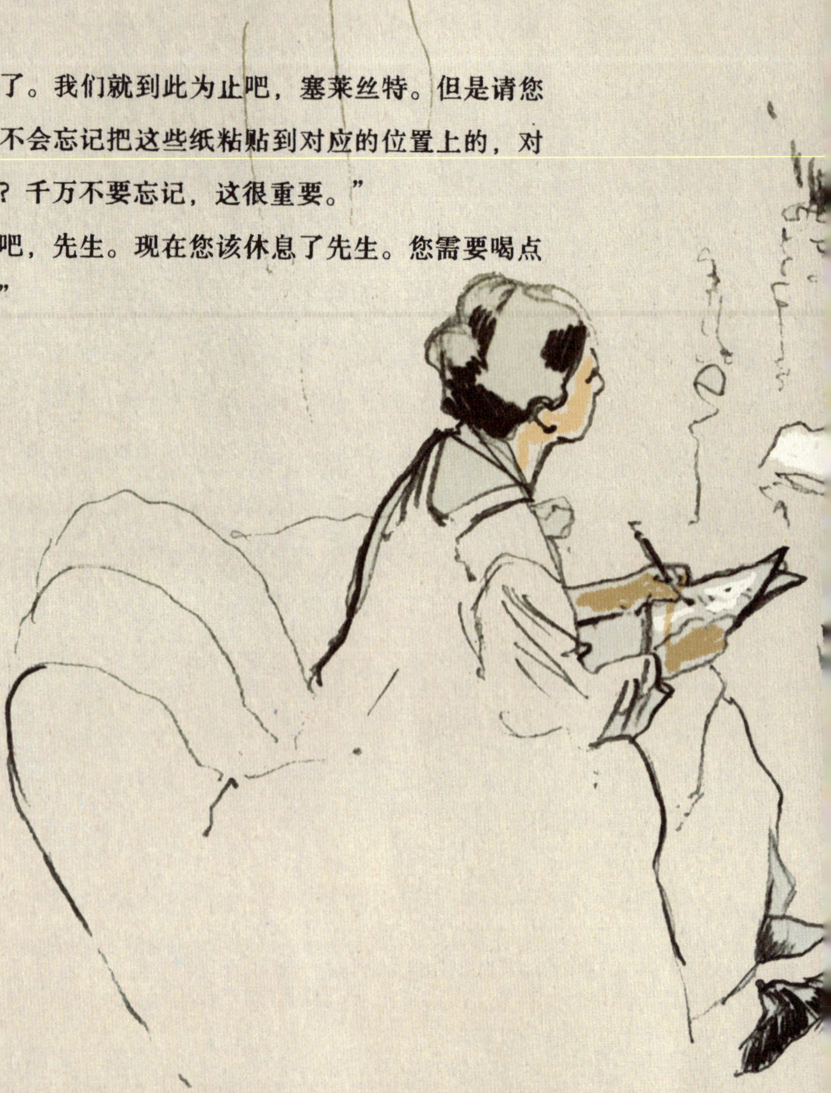

他带着饱含深情的目光望着我，我从没在别人那里见过这样的目光，他说道：

“谢谢，我亲爱的塞莱丝特。我知道您是一个很好的人，但没想到这么好……这么好……”

在那个夜晚结束之前，这句话他对我重复了不下二十遍。

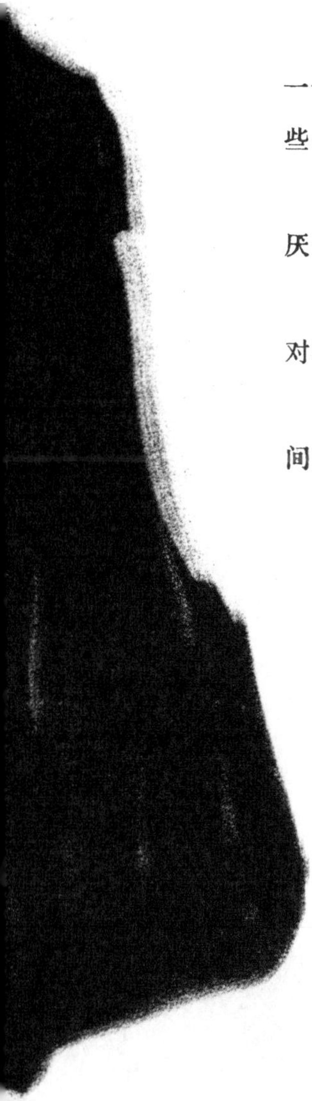

“别关灯，塞莱丝特。房间里有一个巨大的女人……一个穿着黑色衣服的巨大的女人，好可怕……我想看清楚一些……”

“等一下，先生，别担心，我会立马把她赶走，这个讨厌的女人！她吓到您了吗？”

“是的，有一点。但是千万不要碰她……您没有关灯，对吧？”

“先生，您知道我从来不会擅作主张打开或是关掉您房间的灯。这由您来决定。”

第二天，普鲁斯特先生的弟弟普鲁斯特医生握着我的手对我说：

“夫人，我很清楚您为他所做的一切。一定要勇敢。”为了让普鲁斯特先生好受一些，他决定给他拔火罐。

“要让你受累了，我亲爱的小马塞尔……”

“噢，好的，我亲爱的罗伯特……”

火罐没有见效，它们根本吸不住。于是普鲁斯特医生又给他吸了些氧气。

“有好一些吗，我的小马塞尔？”

“是的，罗伯特。”

房间里只有我们两个人，普鲁斯特医生和我。普鲁斯特先生的眼睛一直直直地望着我们，令人心里很难受。然后，医生突然走上前，缓缓地向他的哥哥倾下身子，帮他合上了双眼，那一秒，他的眼睛依然望着我们。我问：

“他死了？”

“是的，塞莱丝特。结束了。”

我望着他并在心中默默哀求着：“上帝啊，让他再跟我说点什么吧。”

随后，亲朋好友们接踵而来。我记得有雷纳尔多·哈恩、莱昂·都德（Léon Daudet）、诺瓦耶伯爵夫人（la comtesse de Noailles）[1]、保罗·莫朗……我疲惫不支。从病情在他虚弱的身体上加剧以来，我就没有合过眼。普鲁斯特先生很欣赏的画家艾勒（Helleu）绘制了一幅版画。他印了两张，一张给普鲁斯特医生，一张给我；大素描家安德烈·杜诺耶·德·塞贡扎克（Dunoyer de Segonzac）则来画了一张木炭画；再之后，就轮到摄影师曼·雷（Man Ray）。差不多就是这些了。

1　译注：即Anna de Noailles，法国女诗人、小说家。

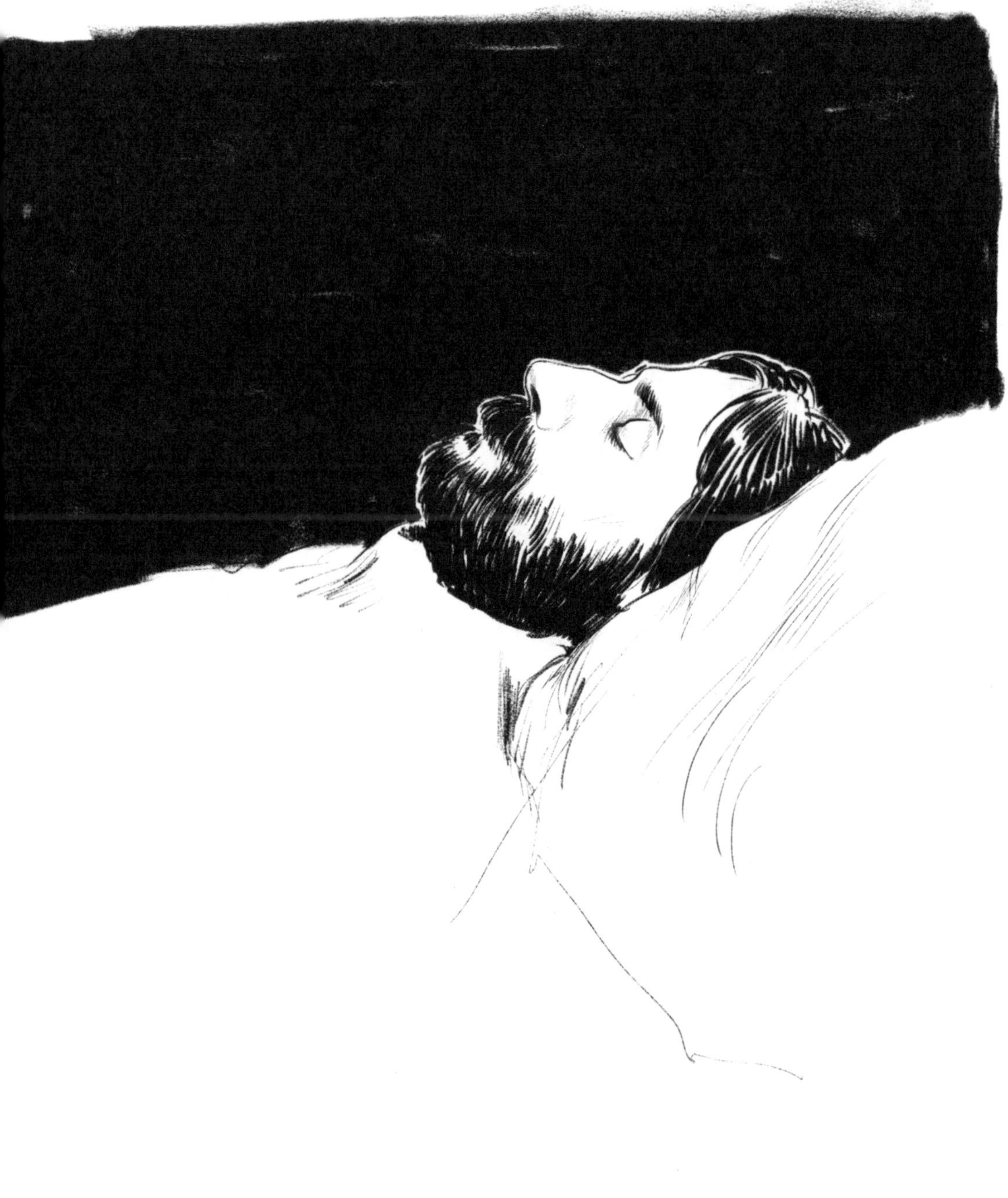

先生于1922年11月22日星期三在拉雪兹神父公墓（Père-Lachaise）入葬。葬礼当天，普鲁斯特医生开车载我过去。

“您被安排在和家属一起，塞莱丝特。因为没有人比您和他更亲近。”

我把定制的小十字花圈摆在了他棺木的中央。

女诗人诺瓦耶伯爵夫人拥抱了我，抽泣着说：

“亲爱的塞莱丝特……噢！您对他来说是多么……我了解！”

我走路像在梦游一般，但我不想离开普鲁斯特先生。在他死去之后的几周时间里，我唯一的愿望就是死去。我不再能承受自己。

TESSA
GUS

接下来发生了一件神奇的事情……我从公寓走下楼，突然看到阿姆兰街上那家书店的橱窗。它被阳光照得很明亮，在玻璃的后面，是已经出版的普鲁斯特先生的书，三本并排地摆放在一起……再一次，我的内心发出赞叹，为他的先见之明和他对自己坚定的信心，同时想起他书中的某一页。因为就在他辞世前不久，普鲁斯特先生写下了与死亡，或者应该说与复活有关的一页内容……他是这样写的："作家贝戈特就此永远死了？谁能说得清呢？认为贝戈特并没有就此永远死去，也是不无道理的。人们埋葬了他，但是在丧礼的整个夜晚，在灯光照亮的玻璃橱窗里，他的那些三本一叠的书犹如展开翅膀的天使在守夜，对于已经不在人世的他来说，那仿佛是他复活的象征。"

第十五章

•

我还能说些什么呢？

为了完成后续的整理工作，奥迪隆和我继续留在阿姆兰街的公寓直到1923年4月。我帮忙整理手稿和纸页。我又重新置身于那些“删涂纸页”（rayureries）和“增添纸页”（accumulements）之中。普鲁斯特先生觉得这两个词很有趣，他应该要把它们也写进书里的。我还在《女囚》的印样上粘贴好了最新写好的纸页，如他所叮嘱的那样。

接下来，必须要从过去中走出来。1924年，奥迪隆在巴黎圣叙尔比斯教堂（Saint-Sulpice）附近的卡奈特街上买下一个旅馆。再后来，我们卖掉了旅馆，负责看管位于法国巴黎附近蒙福尔拉莫利（Montfort-l'Amaury）的莫里斯·拉威尔博物馆（Musée Ravel）。我曾经生活在那样一个美妙的世界中，在一个独一无二的人身边，以至于我无法再回到平凡的生活。就连正常作息对我来说都成问题。我像一只夜行的鸟儿，突然被迫在光天化日之下生活，只好偷偷地、不知疲倦地逃回那些迷人夜晚的回忆之中避难。

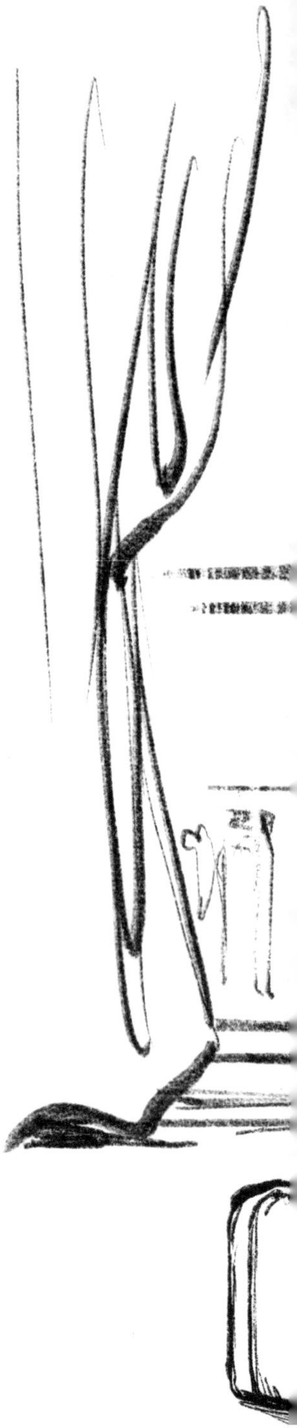

十年，并不算太长的时间。但因为是普鲁斯特先生，在他家中，和他一起度过的十年，对我来说，这就是整整一生。我感谢命运把我送到他的身边，我无法想象出更美好的人生。我是他的信使、他的仆人、他的心腹、他的守护者、他的管家、他的护士、他的助理……说实话，我从来没有过任何职位。我是……塞莱丝特。

我喜爱着、承受着、品味着在他身边度过的每一天。和他在一起、听他说话、和他讲话、看他工作、在我的能力范围内帮助他，就像漫步在一片泉水从四处泉眼中不断涌出的田野上。他在我心中留下的是那个最美好的形象，一如既往地灿烂。既是凡人中的王子，也是智者中的王子。一个如他这般强大的人生活在尘世，不可能不在死后存续，我很确定，就算他已经去了另一个世界，也依然和我在一起。

他从没丢下我不管。每次我需要解决一个问题时，就会向记忆中的他寻求建议，然后事情就会容易很多。每当有好事发生在我身上，我就会想这是他送给我的，因为他只希望我一切都好。

我，塞莱丝特·阿尔巴雷，一个连初级小学教育证书都没有的我，以自己很有限的能力参与了这本书所呈现的庞大工作中。还获得了艺术与文学司令勋章，以表彰我“对法国文学史的贡献”。这是一条最美的项链，比所有公爵夫人的项链都要美。普鲁斯特先生一定会为我感到骄傲。

奥迪隆和我生下了一个女儿，名叫奥迪尔(Odile)，她是世界上唯一一个我愿意为她去摘下月亮的人，就像我曾经也会为普鲁斯特先生做任何事一样，只要他开口。奥迪隆在1960年去世。我退休之后的每个夏天都是在故乡欧西拉克度过的，在我父母曾经生活的房子里。

“到你喝咖啡的时间了，妈妈。”

“谢谢，奥迪尔。你看，这里多美啊！你听到鸟儿在歌唱了吗？”

感谢

苏菲·贝尔蒙（Sophie Belmont）。

奥利维耶·鲁宾斯坦（Olivier Rubinstein），没有他，这本书就不会存在。

夏洛特·德·普雷马尔（Charlotte de Prémare），她参与开启了这次冒险。

古斯塔夫·德·普雷厄雷先生（Gustave de Prieuré de Saxe）和马洛·米歇尔（Marlowe «10» Mitchell）的协助。

“对某个印象的回忆
不过是对某个时刻的遗
憾难舍。”

马塞尔·普鲁斯特

图书在版编目（CIP）数据

普鲁斯特先生 ：女管家塞莱丝特的回忆 / (法) 塞莱丝特·阿尔巴雷著 ；(法) 乔治·贝尔蒙编写 ；(法) 史丹芬尼·马奈尔绘 ；(法) 柯林娜·梅耶整理 ；赵欣昕译. -- 北京 ：北京联合出版公司，2025. 8. -- ISBN 978-7-5596-8496-7

Ⅰ. K835.655.6-49

中国国家版本馆CIP数据核字第2025YA2789号

北京市版权局著作权合同登记　图字：01-2024-6618

普鲁斯特先生：女管家塞莱丝特的回忆

著　　者：[法]塞莱丝特·阿尔巴雷
编　　写：[法]乔治·贝尔蒙
绘　　图：[法]史丹芬尼·马奈尔
整　　理：[法]柯林娜·梅耶
译　　者：赵欣昕
出 品 人：赵红仕
出版统筹：杨全强　杨芳州
责任编辑：李　伟
特约编辑：金　林
封面设计：SOBERswing

北京联合出版公司出版
（北京市西城区德外大街83号楼9层　100088）
北京联合天畅文化传播公司发行
北京启航东方印刷有限公司印刷　新华书店经销
字数 34千字　1000毫米×710毫米　1/16　16印张
2025年8月第1版　2025年8月第1次印刷
ISBN 978-7-5596-8496-7
定价：78.00元
